Der drohende Irrtumsverlust oder genauer: der Irrtums*fähigkeits*verlust ist ein Thema von waghalsiger Grundsätzlichkeit. Keines der großen Themen aus der Geschichte des Denkens, auf welches von hier nicht neues Licht fiele. Dieser Essay ist dem Versuch gewidmet, nach Tschernobyl die Gefahren des Wissens und des falschen Umgangs mit dem Wissen unter einer ungewöhnlichen Prämisse neu zu erörtern: daß nur die Möglichkeit des Irrtums eine menschliche Welt garantiert und daß das Vollkommenheitsideal der irrtumsfreien Technostruktur, dem wir anhangen, wenn nicht das Ende der Welt, so doch das Ende einer menschlichen Welt und eines humanen Lebensprogramms heraufbeschwört.

Irren ist menschlich, sich nicht irren zu dürfen, nicht menschengemäß. Wer die Gefahren des drohenden Irrtumsverlusts für die technische Zivilisation ignoriert, verschließt zugleich die Augen vor der Tatsache, daß die entwickeltsten Strukturen in Technologie und in Wissenschaft, welche die Möglichkeit der menschlichen Irrtumserfahrung heute beeinträchtigen und unterbinden, sich selbst eben dieser Produktivkraft des Irrtums verdanken.

Wissen ist wie ein toter Körper. Zum Leben gelangt es allein in jenem Prozeß, in welchem es von menschlichen Wesen erworben, »gewußt« und zur Anwendung gebracht wird. Diesem Prozeß haben wir bisher zu wenig Aufmerksamkeit geschenkt. Wie wir Wissen erwerben, welche Art Wissen wir erwerben, wie wir Wissen tradieren und unterschiedliche Wissensformen miteinander kombinieren – dies sind (über)lebenswichtige Fragen in einer Epoche, in welcher, wie nie zuvor in der Geschichte, der Berg des *erfahrungsfreien* Wissens mit wahrlich atemberaubender Geschwindigkeit zum Himmel wächst und in der die Lebensäußerungen der meisten Menschen von diesem »neuen« Typus des Wissens bestimmt werden: von einem *Wissen ohne Erfahrung.*

Bernd Guggenberger, geboren 1949, lehrt nach dem Studium der Germanistik, Geschichte, Politischen Wissenschaft, Philosophie und Soziologie in Berlin und Freiburg an den Universitäten Bielefeld und Osnabrück. Er ist Leiter des Deutschen Instituts für Angewandte Sozialphilosophie (D.I.A.S.) in Bergisch-Gladbach. Zu seinen neueren Buchveröffentlichungen gehören: *Bürgerinitiativen in der Parteiendemokratie*, Stuttgart 1980; *Bürgerinitiativen und repräsentatives System* (zus. mit Udo Kempf), 2. Aufl., Opladen 1984; *An den Grenzen der Mehrheitsdemokratie* (zus. mit Claus Offe), Opladen 1984; *Sein oder Design. Zur Dialektik der Abklärung*, Berlin 1987.

W0179288

Bernd Guggenberger

Das Menschenrecht auf Irrtum

Anleitung zur Unvollkommenheit

Carl Hanser Verlag

ISBN 3-446-15024-2
Alle Rechte vorbehalten
© 1987 Carl Hanser Verlag München Wien
Umschlag: Klaus Detjen Hamburg
Satz: LibroSatz, Kriftel
Druck und Bindung: Spiegel, Ulm
Printed in Germany

Unvollkommenheit   *Es gebührt Sterblichen Sterbliches nur.*
                                                            Pindar

Der »kleine«
Irrtum . . .   *Sokrates zugeeignet*
                        Es ist schon so: Die Fragen sind es,
                        aus denen das, was bleibt, entsteht.
                        Denkt an die Frage jenes Kindes:
                        »Was tut der Wind, wenn er nicht weht?«
                                                    Erich Kästner

. . . und der »große« *Jeder Fortschritt ist ein Gewinn im Ein-*
                        zelnen und eine Trennung im Ganzen – es
                        ist das ein Zuwachs an Macht, der in
                        einen fortschreitenden Zuwachs an Ohn-
                        macht mündet, und man kann nicht davon
                        lassen. (. . .) Dieser Körper wächst dem
                        Inneren davon. Unzählige Auffassungen,
                        Meinungen, ordnende Gedanken aller
                        Zonen und Zeiten, alle Formen gesunder
                        und kranker, wacher und träumender
                        Hirne durchziehen ihn zwar wie tausend
                        kleiner empfindlicher Nervenstränge,
                        aber der Strahlpunkt, wo sie sich verei-
                        nen, fehlt. Der Mensch fühlt die Gefahr
                        nahe, wo er das Schicksal jener Riesen-
                        tierrassen der Vorzeit wiederholen wird,
                        die an ihrer Größe zugrunde gegangen
                        sind; aber er kann nicht ablassen.
                                                    Robert Musil

Für Damian

Inhalt

sokratische Situation / Umkehr muß möglich bleiben / Behutsamkeit, Gemächlichkeit, Vielfalt / Tschernobyl oder Die Utopie des Rückzugs / »Fehlerfreundlichkeit« statt Kampf gegen den Fehler / Der Irrtum als »ontologische« Grundfigur oder Das Regelmaß des Lebendigen

Vorspruch

Weh' Euch, wenn Ihr nicht werdet wie die Kinder: spielfreudig und irrtumsfroh! Weh' Euch, wenn es Euch an Mut zur Unvollkommenheit mangelt! Weh' Euch, wenn Ihr die Selbstgewißheit nicht aufbringt, mit der Ungewißheit zu leben! Weh' Euch, wenn Ihr den Irrtum verschmäht um des Linsengerichts einer falschen Sicherheit willen, die Euch nicht nur die Freiheit nimmt, sondern auch Euer und Eurer Kinder Leben bedroht!

Die narrensichere Welt, die Ihr mit Eurer irrtumsfeindlichen Intelligenz errichten wollt, ist eine Welt für Narren – und sicher nicht einmal für sie!

Als Entschuldigung für solch zudringliche Eindringlichkeiten habe ich nur vorzubringen: Wer keinem zu nahe treten will, sollte besser schweigen.

Bielefeld, im Mai 1987   B. G.

I. Das Problem:
Verlust der Irrtumsfähigkeit

Wissen ohne Erfahrung

Der drohende Irrtumsverlust oder genauer: der Irrtums*fähig-keits*verlust ist ein Thema von waghalsiger Grundsätzlichkeit. Keines der großen Themen aus der Geschichte des Denkens, auf welches von hier nicht neues Licht fiele. Erkenntnistheorie und Soziologie des Wissens, philosophische Anthropologie und staatstheoretische Grundlagenreflexion, Zeitdiagnose und Gefährdungsprognostik in einem, ist dieser Essay dem Versuch gewidmet, nach Tschernobyl die Gefahren des Wissens und des falschen Umgangs mit dem Wissen unter einer ungewöhnlichen Prämisse neu zu erörtern: daß nur die Möglichkeit des Irrtums eine menschliche Welt garantiert und daß das Vollkommenheitsideal der irrtumsfreien Technostruktur, dem wir anhangen, wenn nicht das Ende der Welt, so doch das Ende einer menschlichen Welt und eines humanen Lebensprogramms heraufbeschwört.

Irren ist menschlich, sich nicht irren zu dürfen, nicht menschengemäß. Wer die Gefahren des drohenden Irrtumsverlusts für die technische Zivilisation ignoriert, verschließt zugleich die Augen vor der Tatsache, daß die entwickeltsten Strukturen in Technologie und Wissenschaft, welche die Möglichkeit der menschlichen Irrtumserfahrung heute beeinträchtigen und unterbinden, sich selbst vielfach der Irrtumsmöglichkeit verdanken.

Aus der Geschichte des naturwissenschaftlichen und technischen Fortschritts ist der Irrtum nicht fortzudenken. Die Produktivkraft des Irrtums, welcher erst sich unser Wissen verdankt, nicht allein das »fertige« Wissen selbst, ist der Motor der sich beschleunigenden industriezivilisatorischen Entwicklungsdynamik.

Wissen ist wie ein toter Körper. Zum Leben gelangt es allein in jenem Prozeß, in welchem es von menschlichen Wesen erworben, »gewußt« und zur Anwendung gebracht wird. Diesem Prozeß haben wir bisher zu wenig Aufmerksamkeit geschenkt. *Wie* wir Wissen erwerben, *welche Art* Wissen wir erwerben, wie wir Wissen *tradieren* und unterschiedliche Wissens*formen* miteinander *kombinieren* – dies sind (über)lebenswichtige Fragen in einer Epoche, in welcher, wie nie zuvor in der Geschichte, der Berg des *erfahrungsfreien* Wissens mit wahrlich atemberaubender Geschwindigkeit zum Himmel wächst. Historisch neu und in ihren Konsequenzen noch gar nicht bedacht ist die Tatsache, daß die absolute Mehrzahl der Menschen in diesem Jahrhundert in einer Welt lebt, die, über das Gesamte ihrer Lebensäußerungen hinweg, ganz überwiegend vom »neuen« Typus des Wissens bestimmt wird: von einem *Wissen ohne Erfahrung*.

Wir haben im letzten Halbjahrhundert zu schnell zu viel von jenem Wissen angesammelt, das durch Erfahrung nicht beglaubigt ist, weil diese auf keiner Stufe seines Erwerbs zum Tragen kam; ein Wissen, das nicht über Versuch und Irrtum allmählich gewachsen ist, sondern uns als Beuteobjekt des eroberungssüchtigen Verstandes zufiel. Wir haben dieses Wissen kulturell, geistig und psychologisch noch nicht »verarbeitet«. Da wir es nicht beherrschen, müssen wir fürchten, daß es uns beherrscht. Vor allem als Zerstörungswissen hindert es uns an der Entwicklung »weicher« Strukturen, die Lernprozesse begünstigen und Umkehr ermöglichen. Unser Lernen gerät unter Optimierungszwang und wird »pathologisch«: Es befähigt uns nur noch zum immer schnelleren Ausbau und zur Verwaltung des Zerstörungspotentials, nicht mehr zu seiner Überwindung.

Gefährdung des Ganzen

Es gibt einen Grad an Gewißheit, der die Freiheit bedroht. Wir haben in der atemlosen Vermehrung des erfahrungsfreien Wissens auch die Festlegungen und Gewißheiten, mit denen wir unser Leben umstellen, in fast allen Daseinsbereichen problematisch erweitert.

Die Grenze dessen, was an »Festlegung« und »Gewißheit« zuträglich ist, haben wir mindestens bei den waffentechnologischen Vernichtungssystemen seit einiger Zeit bereits eindeutig überschritten: Seit wir, erstmalig in der Geschichte der Menschheit, die Fähigkeit der gattungsweiten Selbstvernichtung besitzen, sind wir gezwungen, mit der absoluten Gewißheit absoluter Ungewißheit zu existieren. Was diese traumatische Zäsur im Bewußtsein der Menschheit für Denken und Moral bedeutet, haben wir auch noch nicht annähernd begreifen gelernt. Nichts am Geläufigen unseres Selbstbildes, unserer Ethik und unserer Existenzbedingungen bleibt durch diese wahrhaft »tödliche« Gewißheit des erstmals *menschen*möglichen globalen Rückzugs aus dem Sein unverändert. Wenn wir schon nicht geworden sind »wie Gott«, so haben wir doch alle Mittel der »Gegen-Schöpfung« (E. M. Cioran) in Händen. Erstmals können wir uns auch *als Gattung* in die Nicht-Existenz »zurückkirren«.

Dieses Übermaß an Gewißheit einer möglichen Selbstvernichtungskatastrophe ist zugleich der entschiedenste Einspruch wider Möglichkeit und Chance des Irrtums: Wenn alles auf dem Spiel steht, können wir uns nicht mehr dem Saumpfad der Irrtümer anvertrauen. Es bleibt uns nur die Einbahnstraße harter »Gewißheit«. Die Situation, die den Weg des Irrtums verbietet, ist die bereits manifeste »Irrtumskatastrophe«.

Auge in Auge mit der *menschen*möglichen Revokation der Schöpfung versagen Irrtum und Freiheit ihren Lazarettdienst am Leben. Die Apokalypse reiht sie als »Blendwerk« neben andere Lebensköder wie Glück und Liebe, Unsterblichkeit und Macht.

Das nicht mehr wegzuerfindende Vermögen, die Kraft des Atoms zu entfesseln, zwingt uns, wohl auf Dauer in einer von Grund auf gefährdeten Welt zu leben. Gefahren gab es immer. Die Gefährdung des Ganzen, die Bedrohung der biosphärischen Wirkgesamtheit durch den Menschen selbst als Folge seiner Handlungen ist historisch neu und mit nichts Gewesenem vergleichbar. Das Bewußtsein der gattungsweiten Selbstgefährdung läßt nichts an den Voraussetzungen seines Verhaltens bestehen, wie es war.

In Karl Löwiths berühmter Formel klingt das eigentlich Dramatische noch gar nicht an: Es geht nicht allein um das Problem der Selbstbeherrschungsfähigkeit in der Anwendung technischer Möglichkeiten, darum also, daß wir nicht alles *dürfen*, was wir *können*; es geht längst auch darum, ob wir *können*, was wir *müssen*. Alles Verantwortbare, alles sittlich nötigende Müssen setzt ein *Können* voraus: Ich muß, weil ich kann. Auch dieser Kausalnexus hat sich als Folge »tachogener« Weltfremdheit (Odo Marquard) aufgelöst: Ich muß, obgleich ich noch nicht weiß, ob ich auch kann.

Durch diese Überforderung wird das »Prinzip Verantwortung« (Hans Jonas) ad absurdum geführt. Wird der Zusammenhang von Können und Müssen vernachlässigt – wie unvermeidlich dort, wo von »geordneter Entsorgung« die Rede ist –, entlarvt sich die Verantwortungsrhetorik als wohlfeiles Moralblubbern. Nur raumzeitlich *begrenzbare* Risiken sind durch endliche Wesen zu verantworten.

Mit technischen Großsystemen wie dem »Schnellen Brüter« rücken wir erstmals von einer Grundregel technischer Innovation ab, die besagt, daß jedes System vor seinem Einsatz in vollem Umfang seiner Funktionen, unter Ernstfallbedingungen, aber sorgfältig abgeschirmt von einer versagensbedrohten Außenwelt, auf Herz und Nieren zu prüfen ist. Wolf Häfele, einst in der Leitung des Kernforschungszentrums Karlsruhe engagiert, einer der Väter des »Schnellen Brüters« in Kalkar, umtriebiger und seiner charismatischen Fähigkeiten bewußter »Kopf« der jungen Gilde der Atomwissenschaftler und -manager, gibt unumwunden zu, daß das Modell des wissenschaftlichen Laborexperiments für die Ära der Großtechnologie nicht mehr verbindlich und vorbildlich sein kann. Der »Schnelle Brüter« kann als Gesamtanlage nicht mehr »experimentell« erprobt werden; allenfalls isolierbare Funktionen kann man im experimentellen Vorlauf testen.

Ausgerechnet für die risikoträchtigsten und am wenigsten folgenreversiblen Technologien, die der Mensch seit den fernen Tagen des Faustkeils ersonnen hat, müssen ganze Städte, Wohngebiete und Landschaften als »Versuchskaninchen« den Kopf hinhalten. Der Mensch und seine Umwelt sind längst selbst zum Experimentierfeld der katastrophennah operierenden Großtechnologien geworden.

Irren ist menschlich

Noch einmal: Irren ist menschlich, sich nicht irren zu dürfen, nicht menschengemäß! Eine Welt, die den Irrtum verbietet, ist eine unmenschliche Welt. Kann es indes einen Zweifel geben, daß wir unsere Welt jeden Tag mehr mit Strukturen überziehen, die den »Irrtum« – den kollektiven wie den individuellen – verbieten? Daß wir Lebensverhältnisse festschreiben und fortentwickeln, unter denen wir uns nicht mehr irren dürfen – weder beim Überqueren der Straße noch beim Einnehmen von Pillen, weder bei der Entscheidung für eine Energietechnologie noch bei irreversiblen großflächigen Stadtplanungen, weder im Cockpit eines Jumbojets noch an den Schalthebeln der atomaren Wechselbedrohung?

Errare humanum est! Wir haben diesen Satz allzulang mißverstanden: Wir sind gewohnt, ihn so zu hören, als konstatiere er einen Mangel. Wir sollten ihn jedoch wohl eher im Sinne einer Auszeichnung interpretieren – als eine Aussage letztlich darüber, was den Menschen eigentlich zum Menschen macht, was ihn in spezifischer Weise vor anderen Lebewesen auszeichnet: Allein der Mensch kann sich irren und folglich *dazulernen*, es sei denn, er richtet sich die Welt so ein, daß Irrtümer unausweichlich lebensgefährlich und gattungsbedrohend werden.

Wenn es aber zum Wesen des Menschen gehört, sich selbst und seine Lebensverhältnisse durch Irrtumserfahrung zu bereichern und zu erweitern, dann gibt es auch so etwas wie ein *Menschenrecht auf Irrtum* oder, anders gewendet, eine Pflicht zur Schaffung und Erhaltung einer fehlerfreundlichen Umwelt; wenn es geradezu einen Teil seiner Überlegenheit ausmacht, daß er im Wege von *Versuch und Irrtum* klüger werden kann, dann gilt es, alles daran zu setzen, sich diese Art des Lernens und Dazu-Lernens auch zu erhalten.

Hans Jonas meinte in einer Diskussion zu diesem Gedanken lapidar: Der Mensch begehe doch ersichtlich auch so schon genug Irrtümer, es erübrige sich, ihn noch eigens dabei zu unterstützen. Der Einwand verfehlt indes die Pointe dieser Überlegung: Genau dies sehen wir ja bedroht, »Recht« und Chance, auch künftig Irrtümer zu begehen und aus ihnen zu lernen; und genau dies wollen wir ja gewahrt sehen, die Möglichkeit des Irrtums, bei dem nicht gleich die Welt untergeht. Zur Produktivkraft wird der Irrtum ja nur dort, wo wir ihn nicht zu teuer bezahlen müssen. Der Irrtum, der uns viel oder im Extremfall »alles« kostet, ist heuristisch so wertlos wie didaktisch katastrophal. Hier wird nicht das Recht gefordert, zwischen Pulverfässern mit offenem Feuer zu spielen, sondern das Recht auf eine Welt, die man mit einem Streichholz nicht in Brand stecken kann!

Der größte Irrtum des Menschen war es wohl, sich die Welt so einzurichten, daß der Irrtum zur knappen Ressource werden konnte. Eine Welt ohne Irrtum wäre bald eine menschenleere Welt. Dem Menschen als diskontinuierlichem und falliblem Wesen erwächst in Gestalt der großen Irrtumsverbotstechnologien ein wahrhaft »überwältigender« Gegenspieler. Diese Gefährdung des Menschen macht das »Menschenrecht auf Irrtum« so plausibel.

Menschenrecht auf Irrtum

Der Begriff »Menschenrecht« ist in unserem Zusammenhang nicht als Metapher gemeint, er ist wortwörtlich zu verstehen: als Recht *jedes* Menschen und als *zeitloses*, immer schon bestehendes, unveräußerliches Recht *des* Menschen; als ein Recht, das auch dort bestand – und besteht –, wo es *noch nicht* geltend gemacht wurde oder nicht mehr geltend gemacht wird; ein Recht, das dem Menschen *als Menschen* zueigen ist, weil es einen wichtigen Teil seines Wesens und seiner Besonderheit zum Ausdruck bringt, wie andere, uns geläufigere Menschenrechtspostulate auch: die Freiheit des Glaubens, der politischen Überzeugung, der persönlichen Lebensgestaltung, die Solidarität, die Chancengleichheit, das Streben nach Glück, das Bedürfnis nach Sicherheit und Schutz des Lebens. Das Menschenrecht auf Irrtum ist ein vollgültiges »Menschenrecht« und gehört zu Recht in diese Reihe anerkannter »Menschenrechte«, weil es, wie die genannten, eine wichtige Rolle in der »Menschwerdung« des Menschen spielt und weil es mit diesen anderen Rechten vielfältig verwoben ist, sie stabilisiert und plausibilisiert. Letzteres gilt namentlich für die Freiheitsrechte, die ihren Kern allesamt in der gemeinsamen Überzeugung von der Unentscheidbarkeit der Wahrheit haben: Wenn nicht von vornherein feststeht, wer mit seinem Tun und Lassen, seinen Überzeugungen und seiner Meinung recht hat und wer nicht, und wenn dieses »Recht-haben« sich allenfalls in einem mühsamen und nie gänzlich abgeschlossenen Prozeß aus Versuch, Irrtum und erneutem Versuch stets erst ganz allmählich abzuzeichnen beginnt – dann ist unschwer zu erkennen, daß alle Freiheitsrechte als Rechte auf Abweichung, auf Kritik, auf Pluralität immer auch das Recht auf den Irrtum umfassen.

Wenn aber die Freiheitsrechte immer schon das Recht auf

16

Irrtum mitumfassen – wozu dann noch ein eigenes »Menschen-recht auf Irrtum« ausloben? Die Antwort ist einfach: Weil heute, ganz anders als in vordemokratischen und vorkonstitutionellen Verhältnissen, die Freiheit nicht so sehr durch die formelle Be-schränkung der Freiheits*rechte* gefährdet ist, als vielmehr durch substantielle und strukturelle Beeinträchtigungen der vorgelager-ten Irrtumsmöglichkeiten. Die formelle Freiheitsgarantie, gehen zu dürfen, wohin ich gehen will, zu essen, was ich essen will, zu wohnen und mich zu kleiden, wie es mir konveniert, ist in einer mit Schwermetallen und Radioaktivität vergifteten Umwelt nicht viel wert; sie ist im Grenzfall mit dem Recht zum Selbstmord identisch.

Die Freiheit ist ein Kind der Irrtumsfähigkeit, oder anders gefaßt: Sie gedeiht nur in einer fehlerfreundlichen Umwelt; nur dort, wo auf Irrtümer nicht ein unbezahlbarer Preis steht, im äußersten Fall gar die »Todesstrafe«!

Das »Menschenrecht auf Irrtum« schützt das »Recht« und die Chance, auch in Zukunft Irrtümer und Fehler begehen zu dürfen, ohne daß diese zu irreversiblen und gattungsbedrohenden Scha-densfolgen führen.

Wie alle historisch geltend gemachten Menschenrechte hat auch das »Menschenrecht auf Irrtum« einen Bedrohungsadressa-ten. Ihn einfach nur »Staat« zu heißen, wäre ungenau, obgleich uns keine wirklich präzisere Kennzeichnung zur Verfügung steht. Der Bedrohungsadressat des »Menschenrechts auf Irrtum« ist jener Prozeß, in welchem die technisch-funktionelle Rationalität weltweit zur Macht gelangt, oder noch genauer: Es ist die »man-power« dieses gigantischen Unternehmens, es sind die menschli-chen Akteure, Parteigänger und Helfershelfer der in ihrer vielleicht entscheidenden Bauphase befindlichen »Megamaschine« (Lewis Mumford). Es sind die Exponenten des wissenschaftlich-wirt-schaftlich-technisch-militärisch-politisch-administrativen Kom-plexes.

Der »Schuldigen«, der »Bedroher« sind also zu viele, als daß man sie vor ein Tribunal zitieren könnte. Daher geht es auch vorderhand nicht darum, das »Menschenrecht auf Irrtum« justi-ziabel auszustaffieren, sondern ihm in unserem ganz alltäglichen Denken, Argumentieren und Entscheiden »zum Recht« zu verhel-fen. Da wir, mit unterschiedlichem Gewicht, fast alle an seinem

Niedergang beteiligt sind, sind auch alle zu seiner Rettung aufgerufen. Einmal wach geworden und empfindlich für die Ausrottung der Vielfalt in Landschaft und Leben, in Natur und Kultur, sensibel für die Bedrohung von Pluralität, für die Erschöpfung der Möglichkeiten zur Abweichung und Alternative, kann jeder sich an einer Vielzahl von Plätzen engagieren. Den archimedischen Punkt im Kampf wider den zwangsweise uniformierenden Zivilisationskonsens im Zeichen von Blue jeans und Coca Cola, Beton und Automobil gibt es nicht.

Größe und Geschwindigkeit

Die massivste Bedrohung erwächst aus Größe und Geschwindigkeit. Durch das ungeheure Größenwachstum unserer Strukturen und die Geschwindigkeit dieses Wachstums verlieren wir unsere Beweglichkeit und Adaptivität in eben dem Augenblick, in dem wir sie am dringendsten brauchten: Wir müßten flexibel sein, weil wir in einem nie dagewesenen Maße die Umweltbedingungen verändern, unter denen wir existieren. Wir wissen aus der Evolutionsgeschichte, welches Schicksal den nicht-adaptiven Spezies im Falle einer abrupten Änderung der Umweltbedingungen bevorsteht. Daß das Kommen und Gehen nicht-adaptiver Arten immer schon zum Evolutionsalltag gehört, bietet für den Menschen wenig Tröstliches.

Der Teufelskreis, den er durchbrechen muß, läßt sich etwa so beschreiben: Die Größenordnung unserer Strukturen bewirkte abrupte und tiefgreifende Veränderungen der Umwelt; um auf diese angemessen zu reagieren, bedürften wir der Fähigkeit zur ebenso schnellen wie hinreichend »weichen« Umstrukturierung; eben diese zum nicht-katastrophischen Strukturwandel befähigende Beweglichkeit aber wird durch die großtechnische Entwicklung verhindert, die uns bis in fernste Zukunft Folgelasten auferlegt, künftige Entwicklungsmöglichkeiten verengt und beschränkt und materielle und geistige Ressourcen in einem nie gekannten Ausmaß bindet.

Kernkraftwerke, achtspurige Autobahnen, Stahlbetonhochhäuser in innerstädtischen Ballungszentren, Umweltpestizide mit Langzeitwirkung – die Liste der »irreversiblen« Festlegungen ließe sich beliebig verlängern. Eine Spezies, die sich so endgültig festlegt und ihre Adaptivität verspielt, ist für den evolutionären Überlebenskampf schlecht gerüstet. Vielleicht sollten wir beim zu Unrecht viel geschmähten, weil in Wirklichkeit hoch adaptiven Neandertaler in die Schule gehen, anstatt uns den Dinosaurier in seinem letzten Artjahrtausend zum Vorbild zu nehmen!

Die entwickeltsten Industriegesellschaften sind heute wohl schon nicht mehr in angemessenen Zeithorizonten wandlungs- und anpassungsfähig. Sie gleichen den manövrierunfähigen Supertankern, die unsere Küsten und Weltmeere gefährden: Ein solcher Tanker benötigt, um aus voller Fahrt im Falle eines auftauchenden Hindernisses abzustoppen, rund fünfzehn Kilometer! Bei abrupten Ausweich- und Bremsmanövern bräche er auseinander. Vergleichbares gilt auch für die großtechnischen Verteilungs-, Versorgungs- und Verkehrssysteme unserer Gesellschaft. Statt aber, um im Bilde zu bleiben, den Tanker zu verkleinern, um ihn wendiger und damit »anpassungsfähiger« zu machen, legen wir bei den Abmessungen und Nutzlastkapazitäten noch immer kräftig zu und erhöhen obendrein die gefahrene Geschwindigkeit. »Die Geschichte der Geschwindigkeit vollendet sich in der Entwicklung der Laserwaffe, in der Krieg und Licht nun ganz beieinander sind; zerstört wird in null Sekunden.« (Ulrich Stock über Paul Virilio)

Jenseits von Anschaulichkeit und Be-greifen

Auf der unermeßlichen Stufenleiter der Dimensionen zwischen den Quarks und den Galaxien können wir uns mit unserem Sinnesensemble nur auf wenigen Mittelsprossen hinauf- und hinunterbewegen. Tagaktive Primaten mit großer Sehrinde, Augentiere, die wir noch immer sind, haben wir im Ergründen des Kleinsten wie des Entferntesten längst die eigene, durch Augenmaß bestimmte Dimension verlassen. Uns ist eine Welt jenseits des optisch Sichtbaren erwachsen, mit Gewißheiten, Gesetzlichkeiten und Gefahren, die unser Auge nie erblickt, mit Wirkungen, Tatsachen und Folgewirkungen aus Tiefen und Weiten einer Dimension, bei der die Hand im schicksalsträchtigen Akt des »Begreifens« ihre Rolle längst verspielt hat.

Wahrhaft aus *unserer* Dimension gefallen, ohne das je Konkrete der Anschauung und des Begreifens, verfallen wir dem Anschaulichkeitsnächsten: der Zahl. Wir sind zahlensüchtig, weil irrtumsentwöhnt. Aus unserer Dimension gefallen, sehnen wir uns nach der vollkommenen Sicherheit in der sicheren Vollkommenheit der Zahl, nicht weil wir zu vielen, sondern weil wir den *falschen* Irrtümern ausgesetzt sind: solchen, die uns keine Chance mehr gewähren, dazuzulernen, solchen, die uns ängstigen, weil sie uns allzu teuer zu stehen kommen; solchen, die wir in ihren Konsequenzen nach Raum und Zeit nicht begrenzen und daher nicht verantworten können; solchen, die uns mit dem Ende drohen, statt die Drohung zu beenden und mit dem happy-end zu locken.

Es geht längst um die Lossprechung des Irrtums, um die längst überfällige Entübelung des Übels! Um die Anerkennung jenes nicht mehr zu leugnenden fait accompli des evolutionären Werdens: der chemischen, der biologischen und erst recht der kulturellen Evolution, welches Odo Marquard einmal mit Blick auf die wissenschaftsgeschichtlich konstitutiven Falsificanda Poppers auf die unnachahmliche Formel verkürzte: »Wir irren uns empor.« (1986, S. 22)

Ökologisches Übermaßverbot

Ökologische Kritik ist nicht fortschritts- und technikfeindlich, sondern zielt auf die unbefragte Gleichsetzung von Wachstum und Fortschritt. Quantitativer Fortschritt führt ja nicht nur in der uns geläufigen Variante, sondern auch in der evolutionsbiologischen Perspektive in die Katastrophe, im Extremfall in die der ganzen Gattung: Jedes eindimensionale Anwachsen eines Funktionselements – eines Organs oder auch einer Population – über ein gewisses Maß hinaus bringt nicht nur keine »Verbesserung« im Ganzen mehr, sondern enthält den Keim des Untergangs. Fortschritt bedarf der Mittel- und Zielwandlungsfähigkeit, der Fähigkeit zur Struktur- wie zur Richtungsänderung.

Wer die aktuelle Entwicklung von einem wohlverstandenen ökologischen Standpunkt aus kritisiert, will nicht »zurück in die Steinzeit«, er will gerade verhindern, daß wir – unfreiwillig –

wieder dort landen. Das soll heißen: Ökologische Kritik gibt die Option auf die evolutionäre Höherentwicklung des Menschen, seiner Kultur und seiner gesellschaftlichen Organisation nicht preis, sondern sucht sie zu bewahren. Wo gegenüber der jetzigen eine »angepaßte Technik« gefordert wird, äußert sich keine Technikfeindlichkeit sondern Menschenfreundlichkeit: Eine lebens- und glücksfeindliche Technik, die, statt Mittel schöpferischer Weltgestaltung des Menschen zu sein, zur zerstörerischen Last wird, soll durch eine der Lebenserhaltung *und* der Lebensentfaltung dienende, den menschlichen Lebensbedürfnissen »angepaßte« Technik ersetzt werden.

Ökologen sind keine Technikmuffel, sondern Menschenfreunde – und *deshalb* an der technischen Fortentwicklung interessiert! Denn nicht Technik als solche ist das Problem, sondern Technik in Kombination mit Größe und Geschwindigkeit sowie dem hieraus resultierenden Anwendungsdruck, der uns der Chance der Irrtumserfahrung beraubt. Die immer kürzeren »Halbwertzeiten« zwischen theoretischen Einsichten und ihrer großtechnischen Anwendung unterlaufen den Schutzschild möglicher Erfahrung. Wissen ohne Erfahrung bildet für immer neue und größere Daseinsbereiche die geistige Leitwährung. Ohne zureichend bemessene Versuchs- und Irrtumsphase zwischen Erkennen und Anwenden werden wir alle zu »erfahrungslosen Erwartern« im Umgang mit der Technik, zu Zauberlehrlingen auf dem Schicksalspfad des Fortschritts, mit nichts als dem »Prinzip Hoffnung« im Reisegepäck.

Um es unmißverständlich zu sagen: Es geht nicht um ein Technikverbot, sondern um ein *Übermaßverbot*, nicht um die Absage an das Neue, sondern um die Geschwindigkeitsbegrenzung für den Fortschritt.

Wir sind so sehr auf die offensive Komponente des Fortschritts festgelegt, daß sich auch noch der Ansatz zum Rückzug mit Offensive tarnt, und wir vom »Rückbau« sprechen, wenn aus dem Straßenpflaster wieder Löwenzahn sprießen darf. Selbst dort, wo uns die Technik im wahrsten Sinn des Wortes »über den Kopf wächst«, rufen wir eher nach künstlichen »Intelligenzverstärkern«, statt uns zu fragen, ob es nicht an der Zeit ist, zum menschlichen Maß, d. h. zu psychologisch beherrschbaren Größenordnungen zurückzufinden. Und selbst wo wir beginnen einzusehen, daß Natur uns nicht nur durch ihre dominante *Anwesenheit* in Gestalt von Donner und Blitz, von Winden, Wassermengen und Sonnenglut in ihren Bann schlägt, sondern auch durch die neuen Zwänge ihrer *Abwesenheit*: Mangel an freier Landschaft, Trinkwasser, Atemluft, – selbst dort muß die allfällige »Renaturalisierung der Natur« (Lothar Späth) aus dem Wunderschoß der »Neuen Technologien« sprießen.

Irrtumsverbot und Irrtumskatastrophe

»Die Leugnung des Irrtums ist der Irrtum selbst!« Das berühmte Hegelsche Diktum enthält zweierlei: erstens, die Aussage, daß es den Irrtum gibt wie den Kampf gegen ihn; und zweitens, daß keiner dem Irrtum entrinnt. Wir irren uns, ob wir an den Irrtum glauben oder nicht. Es ist ganz so wie in der berühmten Anekdote über Niels Bohr: Ein Freund, der ihn in seiner Skihütte besucht, bemerkt mit Erstaunen ein über der Eingangstür festgenageltes Hufeisen. Gefragt, ob er denn als Naturwissenschaftler an solchen Hokuspokus glaube, beruhigt Bohr seinen Freund: »Natürlich nicht, aber ich habe mir versichern lassen, daß es auch funktioniert, wenn man nicht daran glaubt.«

Die Irrtumsfalle schlägt auch für den zu, der die Existenz solcher Fallen dementiert. Auch mit Trendprognosen und Statistik, mit Planspiel und Computersimulation läßt sich der Irrtum nicht vertreiben. Er heftet sich uns an die Fersen, wo immer wir etwas *tun:* wo wir uns etwas vornehmen, wo wir Entscheidungen treffen, wo wir Urteile abgeben, wo wir Meinungen äußern und in die Zukunft blicken. Der einzige Unterschied ist: Irrtümer werden teurer und sind schwerer zu korrigieren für den, den sie unvorbereitet treffen; für den, der nicht damit gerechnet hat, daß man mit (fast) allem rechnen muß. »Es ist schlimm genug, ohne Gewißheit zu entscheiden, aber unter der *Illusion* von Gewißheit zu entscheiden, ist katastrophal.« (Kenneth Boulding)

Das Konzept des Irrtumslernens ist im Zeichen risikenbündelnder Hochtechnologie vielfältig gefährdet. Wir können den Befund geradezu paradox formulieren: je größer das Risiko der Irrtumskatastrophe, um so bescheidener unsere Fähigkeit und Chance, die Produktivität des Irrtums zu nutzen. Wer viel riskiert, darf sich nicht irren. Wir dürfen uns im Kleinen nicht mehr irren, weil wir im Großen vom Irrtum bedroht sind. Ein Stolpern auf fehlerfreundlicher Rasenfläche kann Spaß machen und so viel innovatorisches Potential freisetzen, daß es im Purzelbaum und in der Flugrolle seine ursprünglich gar nicht geplante Fortsetzung findet. Das nämliche Mißgeschick auf dem irrtumsfeindlichen Hochseil kann dagegen den tödlichen Absturz bedeuten. Das gleiche unter ungleichen Risikobedingungen führt zu völlig unterschiedlichen Konsequenzen.

Wir können eine Handlung, einen Zustand, ein Ereignis nicht mehr bloß nach der immanenten Faktizität und Plausibilität beurteilen. Über die wirkliche Bedeutung der Dinge und Handlungen für uns sagt eine solch begrenzte Sichtweise nichts Entscheidendes mehr aus. Um zu wissen, was ein bestimmtes Tun und ein bestimmtes Unterlassen für uns bedeuten und welchen Wert bestimmte Dinge und Verhältnisse für uns haben, müssen wir ihren *Risikokontext* berücksichtigen. Was im Risikokontext A ein harmloses und anregend-lehrreiches »Versagen« darstellt, verwandelt sich im Risikokontext B zu einer tödlichen Bedrohung. Eine menschliche Schwäche wie die Eitelkeit, über die wir uns unter Normalbedingungen amüsieren, die uns vielleicht, beim anderen wahrgenommen, verhilft, sie bei uns selber besser zu kontrollieren, – ein solch harmloser psychologischer Kleinstdefekt könnte sich unter extremen Risikobedingungen – etwa an den Schalthebeln der atomaren Wechselbedrohung – zu einer globalen Gefährdung des Lebens auswachsen.

Die Forderung, die sich hieraus ableitet, ist eindeutig: Es gilt, das Entstehen von Strukturen zu verhindern, unter denen sich die kleine Irrtumsursache zur Wirkung der gattungsbedrohenden Großkatastrophe erweitern kann. Die *Isolierbarkeit* von Fehlern und Irrtümern ist ein wichtiges Kriterium für »Fehlerfreundlichkeit«. »Es geht darum, daß zwei Milliarden Jahre Tüchtigkeit und Fehlerfreundlichkeit nicht am Ende in eine Fehlerkatastrophe einmünden.« (C. und E. U. von Weizsäcker, 1984, S. 195)

Was Christine und Ernst Ulrich von Weizsäcker aus der Perspektive der theoretischen Biologie entwickeln, gilt selbstverständlich auch für die technologische, ökonomische und politische Betrachtungsweise. Die Berücksichtigung des Risikozusammenhangs verleiht dem meisten, was wir haben und vorhaben, eine neue Wertigkeit. Wenn sich der Rahmen der wahrgenommenen Risiken verändert, sind wir genötigt, unsere geläufigen Bewertungen zu ändern. Der Hinweis auf den Großvater, der es mit unbeirrbar qualmender Zigarre auf 96 Lebensjahre brachte, verfängt unter der Bedingung eines gänzlich veränderten Risikokontextes, unter der Bedingung der dramatischen Verschlechterung der Umweltgesamtsituation, nicht mehr. Was verzeihlich war, weil isolierbar und kompensierbar, kann über Nacht in einem veränderten Umfeld ein nicht mehr zu verantwortendes Risiko werden.

Die »Risikogesellschaft« (Ulrich Beck) ist jene verkehrte Welt, in der nichts mehr riskiert werden darf, weil schon so viel riskiert wird. »Risikogesellschaft« und »Übersicherungsgesellschaft« sind zwei Seiten derselben Medaille. Wir haben einen so hohen Sicherheitsbedarf, weil wir Risikopotentiale aufgebaut haben, die jede Vorstellung sprengen. Wir sind auf Gedeih und Verderb zur Zuverlässigkeit und Funktionstüchtigkeit verurteilt. Diese lassen sich jedoch nie hundertprozentig gewährleisten. Am ehesten gelingt dies noch unter Bedingungen annäherungsweiser »Überschaubarkeit«. Proportional zur Größe eines Systems wachsen seine Verletzlichkeit und Störanfälligkeit. Systemwachstum zwingt uns auf den Pfad der Übersicherung, auf einen Weg, auf dem uns trotz nie dagewesener individueller und kollektiver Investitionen in Sicherheit die Gewißheit *letzter* Sicherheit unerreichbar bleibt. Zur Philosophie des nützlichen Irrtums gehört vor allem eine neue Sicherheitsphilosophie: Sicherheit gibt es nur dort, wo *absolute* Sicherheit erst gar nicht gefragt ist; Sicherheit gibt es nur dort, wo man sich ein gewisses Quantum an »Unsicherheit« leisten kann. Wo der Preis, der für die Sicherheit gezahlt werden muß, in der Preisgabe der kleinen Unsicherheiten und Irrtümer besteht, ist die Sicherheit selbst auf Sand gebaut, ein Fundament, welches der grandiosen Festigkeit des Gebäudes stets aufs neue Hohn spricht.

Irrtümer sind die beste Irrtumsprävention. Nur im Schutze einer dauerhaften Irrtumsprävention können die Irrtümer ihre Produktivkraft entfalten. Der Dauerzwang zu einer ruinösen Ernstfallvermeidungspolitik absorbiert Energien und Kräfte, die dort fehlen, wo sie wirklich produktiv werden könnten: beim spielerischen Erproben neuer Möglichkeiten.

»Die Vernunft wirkt als dunkler Instinkt, wo sie nicht durch die Freiheit wirken kann« (J. G. Fichte, S. 8 f.). Lassen wir getrost beiseite, ob wir mit dem Begriff der »Vernunft« noch so unbefangen umgehen können, wie das 18. und das frühe 19. Jahrhundert. Setzen wir statt Vernunft meinethalben »Gattungs-« oder »Evolutionslogik« – das Ergebnis bleibt sich gleich: Überall, wo wir uns selbst der tastenden Vernunft des spielerisch-freien Erprobens begeben, liefern wir uns den Zwängen unbegriffener Gewalten aus, die uns gegenüber »als Naturgesetz und Naturkraft« wirksam werden – oder in der aktuellen Zweitversion des »technischen Sachzwangs«.

II. Der Kampf gegen den Irrtum:
Auf der Suche nach Vollkommenheit

Erkennen und Verfertigen

Mindestens soviel läßt sich sagen: Wenn man im großen Buch
der Gedankengeschichte blättert, finden sich weit mehr Vertei-
diger des Vollkommenheitsprinzips als erklärte Anhänger des
Unvollkommenen. Die Verkünder der Ordnung und der Über-
sichtlichkeit übertreffen an Zahl und Einfluß die Parteigänger
des nützlichen Irrtums und der zu bewahrenden Unzulänglichkeit bei weitem.

Nach Hegel hat »die philosophische Betrachtung (...) keine
andere Absicht, als das Zufällige zu entfernen«. Hegel faßt mit
diesem Satz eine ganze Reihe philosophiegeschichtlicher Positionen pointiert zusammen. In der Tat: Der Zufall ist ein Ärgernis.
Soll der Mensch Gebieter seines Schicksals werden, so darf es für
den Zufall, den Opponenten des Notwendigen wie des frei Ge-
wählten, kein Pardon geben. Das Zufällige ist das Wilde, Unge-
prägte, noch nicht durch unsere Absichten Geadelte, das, was uns
zustößt, uns die Wahl nimmt. Alle »rationalen« Positionen und
Deutungsansätze der Philosophie zielen darauf ab, die menschliche Lebensführung »vernünftiger« zu machen: daß nichts, was
geschieht, ungeplant geschieht, ohne Willen und Absicht der
menschlichen Akteure. Dem Menschen darf nichts »zustoßen«;
das »Widerfahrnis« verträgt sich nicht mit der Würde seiner
»Machensmacht«.

Denkbarkeit und Machbarkeit, Reflexion und Arbeit, Erkennen und Verfertigen sind die spezifisch modernen Vollbringens-
tugenden. Beides kennzeichnet »die Moderne«: die *Gemachtheit
des Gedankens* wie der *Gedanke der Gemachtheit*. Wir können nur
noch machen, was wir »erkannt« haben, und wir erkennen nur,
was wir »gemacht« haben.

Die Entdeckung, daß der Mensch sich überall selbst begegnet,
daß er allenthalben auf die Spuren der eigenen Wirkungen und
Einwirkungen stößt, daß er sich, wohin er geht, im Vorgefertigten
und Vorgemachten befindet, daß er erkennt, weil er gemacht hat,

und macht, weil er erkannt hat – diese Entdeckung beflügelt und beschränkt, erweitert und begrenzt fortan seine Möglichkeiten.

In *beiden* Medien: im Denken und im Machen, vergewissert sich der neuzeitliche Mensch seiner Existenz; in beiden Medien verständigt er sich über das, was *ist:* Alles, was ist, ist vermittelt durch das Subjekt; nichts ist, was das Subjekt nicht denkt oder macht. Die radikale Subjektivierung der Welt, die Erschaffung der Welt aus dem Denken und Machen des Subjekts – dies ist die Innenansicht jenes vielfach beschriebenen Prozesses der objektiven »Rekonstruktion der Realität«. Die Wirklichkeit wird »objektiver«, weil und indem das erkennende und verfertigende Subjekt sie zum Objekt des Bedenkens oder Bearbeitens macht.

Das »Subjektsubjekt« des Machens und Denkens ist jedoch nie der wirkliche Einzelne. Denken und Machen, Arbeit und Reflexion weisen über den einzelnen hinaus. Der Einzelne ist nie der erste und nie der einzige, der »macht« und »denkt«. Er macht nur inmitten von Vorgemachtem und denkt nur inmitten von Vorgedachtem. Der Vorgang der bewußten Weltaneignung durch das Subjekt ist ein Vorgang objektiver Entsubjektivierung der Welt. Die Welt als vielfach gesehene, geahnte, verspürte und empfundene wird nun zur *eindeutigen:* zur gemessenen und gezählten, benannten und benamten, beeinflußten und gedeuteten Welt. Das Be-Denken und Be-Arbeiten der Welt ist nichts, was der Einzelne »für sich« tut. Wäre das so, so wäre die Welt auch als bedachte und bearbeitete Welt nie erschöpfbar. Erschöpfbar und endlich wird sie als verbindlich »festgestellte«: als gedachte und gemachte. Jedes Erkennen – wie jedes Machen – verringert die Vieldeutigkeit und vermehrt die Eindeutigkeit.

Die Spur, welche das Subjekt auf der Bahn seiner Weltaneignung legt, besteht aus Eindrücken des Eindeutigen, aus Formen des Gleichförmigen. Die Weltbemächtigung des Subjekts hat die Bilder der Welt nicht vervielfacht, sondern vergleichförmigt.

Mensch und Maschine

Lewis Mumfords zivilisationsgeschichtlichen Arbeiten verdanken wir die Einsicht, daß die Maschine eine »anthropologische« Vorgeschichte hat, die mehr ist als nur ein Vorspiel. Lange bevor der Mensch die mechanischen Eigenschaften der Maschine in leblosen Konstruktionen realisierte, erprobte er sie an sich selber: bei der Jagd, im Krieg, bei großen Landschaftseingriffen und beim Bau – beispielsweise – der Pyramiden. Straffe Disziplin, Errichtung einer neuen Einheit oberhalb der beteiligten Einzelwesen, verläßliches Zusammenwirken nach einem einheitlichen Plan, Befehl und Funktionsgehorsam – die Eigenschaften, Mittel und Vermögen, die am lebendigen Holz der Stammes-, Jagd- oder Kriegsgemeinschaft erprobt wurden, finden sich sämtlich auch im toten Apparat der Maschine wieder. »Die Menschen machten sich selbst zu kollektiven Maschinen; Jahrtausende, bevor sie die technische Fertigkeit erlangten, Maschinen zum handelnden Gegenstück ihres kollektiven Selbst zu machen.« (Lewis Mumford, 1981, S. 59)

In den Staatsutopien von Platon bis Morus, Campanella und Bacon, in den utopischen Visionen einer vollkommenen Gesellschaft, aber auch in vielen Theorien des technischen Fortschritts ist das Ziel ein Mensch, der, ohne Irrtumsschwankungen, gleichmäßig verläßlich funktioniert, dessen Verhalten sich daher auch vorhersagen und planend einsetzen läßt; ein Wesen, welches daher auch mit seiner Heraufkunft aller bisherigen Geschichte als schicksalhaft erlittenem Geschehen ein Ende bereitet und das nachgeschichtliche Zeitalter der bewußten Fortschrittsplanung und -gestaltung einläutet. Für den dem Auf und Ab der Geschichte entronnenen »posthistorischen Menschen« (R. Seidenberg) gehört der Irrtum zu den Kinderkrankheiten der Menschheit. Er sieht seine Bestimmung nicht darin, durch Versuch und Irrtum das Schwungrad geistiger Entwicklung in Gang zu halten und ein optionsoffenes kulturelles Kräftefeld aufzubauen; sein Tun und Trachten ist auf die äußere Welt und die Beherrschung ihrer Umstände gerichtet. Sein Prinzip ist, die technischen Mittel zur höchsten Wirksamkeit zu entfalten. Am weitesten hat er dieses Prinzip ohne Zweifel bei den großwaffentechnischen Vernichtungsmitteln vorangetrieben. »Ist es wirklich Zufall, daß alle Triumphe, die auf das Kommen des posthistorischen Menschen hindeuten, Triumphe des Todes sind?«, fragt Lewis Mumford. Wohl kaum. Denn die Ideologie des »posthistorischen Menschen« leugnet, zusammen mit dem Humanimpuls des Irrtums, immer auch die »Lebendigkeit« des Lebens.

»Die Entwicklung zum posthistorischen Menschen setzte harmlos ein mit der Ausmerzung fehlbarer menschlicher Elemente in der Wissenschaft«, resümiert Mumford. Und er fährt fort: »Sie wird enden mit der Ausmerzung der menschlichen Natur in der gesamten Welt der Wirklichkeit. In der posthistorischen Kultur ist das Leben reduziert auf vorausgeplante, maschinell programmierte und kontrollierte Vorgänge, in denen jedes unberechenbare, d. h. jedes schöpferische Moment peinlichst vermieden ist.« (1981, S. 145) In der Bündelung und Kombination einer Vielfalt tierischer Eigenschaften »zu einer kulturellen Gegebenheit: zur menschlichen Persönlichkeit« (Lewis Mumford) liegt kulturanthropologisch die Quelle des Irrtums wie des Irrtumslernens.

Persönlichkeit *ist* der Irrtum; nur daher verschwinden Gesichter und Charaktere hinter »Rollen« und »Funktionen«. Nichts darf die Aufmerksamkeit von jenen Gewißheiten abziehen, die dem Einzelleben erst Sinn und Bedeutung zumessen. Die technische Zivilisation erschöpft den Menschen in den Funktionen, die er »ausfüllt«, und er »erschöpft« sich in ihnen. Sie unterwirft ihn den Zwängen einer Entwicklung, die ihn fortlaufend neu interpretiert und deutet und ihn eben hierin reduziert. Ganz ähnlich wie die großen Ideologien sperrt auch der »Sachzwang« die Menschen in ihre »gesellschaftliche Identität« ein. Schuld und Verdienst sind im *sozialen Sein zur Technik* gleichermaßen aufgehoben.

Vor den Imperativen der technischen Welt hört der Einzelne auf, als Einzelperson zu existieren, oder vielmehr: Er ist zu pünktlichem und funktionsgenauem Gehorsam nur fähig, wenn er unterdrückt oder beiseite schiebt, was das Besondere seiner Person in einer besonderen Situation ausmacht. »Technikkompetenz«, wie sie an Schulen, Hochschulen und – vielleicht am prägendsten – in der Sozialisation des Alltags erworben wird, ist die Kompetenz des Sklaven, der in den Launen seines Herrn wiederkehrende Regelmäßigkeiten entdeckt. Technik verlangt zwingend von uns, daß wir *uns* »auf sie einstellen«. Eines der intelligentesten und gewiß nicht von technikfeindlicher Vorgestimmtheit geprägten Bücher zum Wesen der Technik, Robert M. Pirsigs »Zen und die Kunst ein Motorrad zu warten«, bestätigt dies eindrucksvoll.

Das namenlose Böse oder
Der Schwund menschlicher Urheberschaft

Symbol und Paradigma des Ideals irrtumsfreien Funktionierens und verläßlicher Exaktheit ist der Computer. Zwar kann er, auch in der sechsten Generation, noch nicht »alles«, doch kann er schon genug, um für manchen Sartres Satz über das Böse sinnfällig zu illustrieren: »Das Böse ist die systematische Ersetzung des Konkreten durch das Abstrakte.«

Im Bild des Computers versammeln sich all jene Ängste, die darauf gerichtet sind, der Mensch könne endgültig zu einem herkunfts- und zukunftslosen Wesen werden. Kern dieser Ängste ist das Entsetzen vor der Leere, der Schrecken vor dem Schwund menschlicher Urheberschaft; die Angst, was fürderhin geschieht – Taten wie Untaten –, könnte endgültig verwaisen.

Noch vor dem Computer hat Auschwitz diese Angst plausibel gemacht. Die Grausamkeit des Auge um Auge, Zahn um Zahn ist nichts Neues in der an »unmenschlicher« Grausamkeit nicht armen Menschengeschichte. Zum singulären Inferno wurde Auschwitz nicht durch individuelle Exzesse und bestialische Akte der Grausamkeit einzelner, sondern durch die mathematische Exaktheit der Planung und den leidenschaftslosen Perfektionismus in der Inszenierung des Schreckens. Haß, der sich mit Grausamkeit verbündet, trägt sehr menschliche Züge, wie fratzenhaft verzerrt sie uns auch erscheinen mögen. Ideologischer Fanatismus, der sich des Instrumentariums des rationalen Planungs- und Verwaltungs-Perfektionismus bedient, wird im strikten Sinne unmenschlich, weil das Menschliche sich aus all seinen Äußerungen zurückzieht. Der Mensch braucht nicht mehr Unmensch zu sein, wo »er« Unmenschliches vollbringt. Diese nüchterne Erkenntnis war seinerzeit das eigentliche »Skandalon« in Hannah Arendts Reflexionen zum Eichmann-Prozeß in Israel.

Das Böse, das keinen Namen mehr trägt, das Böse, auf das wir nicht mehr mit dem Finger zeigen können, das sich nicht mehr in seiner Nachkommenschaft, in Freunden und Verbündeten rächen läßt; dieses abstrakte Böse ist das unmenschliche Böse, welches uns noch die ohnmächtigsten aller menschlichen Emotionen raubt: lautlose Empörung und stumme Verachtung.

Im Kleinen und Großen des Alltäglichen ist uns dieses Gefühl der um ihre Empörung betrogenen Ohnmacht längst vertraut. Wohin mit unserer Wut, wenn sich kein Schuldiger findet – für die unmöglichen Sprechzeiten der Behörde, für den Rüstungswahnsinn, für die Stadtplanung, für die Häßlichkeit und Lieblosigkeit eines Gebäudes, für die schicksalhaften Gefahren der Kernenergie und für die abstruse Ampelschaltung an der Ausfallstraße? Empörung braucht ein Gegenüber mit Namen, Vornamen und individueller Biographie.

Der Computer ist das Gesicht der gesichtslosen Macht. Er steht beispielhaft für jene blinde Entfaltung der Leistungskraft und jene intensive Präsenz der Mittel, die von keinem über sie hinausweisendem Zweck mehr angeleitet wird.

»Unsere Zivilisation nimmt die Struktur und die Eigenschaften einer Maschine an«, schrieb Paul Valéry schon 1925. »Diese Maschine wird sich mit nichts Geringerem als der Weltherrschaft abfinden; sie wird keinem Menschen gestatten, zu überleben außerhalb ihrer Kontrolle und ohne in ihre Funktionen einbezogen zu sein. (. . . Denn) sie kann sich mit unbestimmten Lebensweisen innerhalb ihres Funktionsbereiches nicht abfinden. Ihre Präzision, die ihr Wesen ist, kann keine Vagheit oder gesellschaftliche Sprunghaftigkeit ertragen, und ungeregelte Situationen sind mit gutem Funktionieren unvereinbar.«

Auch die Sprache verrät, wie sehr wir uns schon im Bilde der Maschine sehen: »Mir ist eine Sicherung durchgebrannt«, »bei Dir ist wohl eine Schraube locker«, »da ist er aber ausgerastet«; solche und ähnliche Prägungen gehen uns wie selbstverständlich von der Zunge. Daran, daß wir das Unangemessene solcher Bilder nicht mehr sehen, sehen wir, wie sehr wir uns schon selbst als Anhängsel der Maschine sehen – als quasitechnische Selbstadaptionen, für die es ebenso selbstverständlich erscheint wie vorteilhaft, den funktionalen Soll-Wert der eigenen Existenz vom technischen Vorbild zu übernehmen: verläßliches Funktionieren, Regelhaftigkeit, Berechenbarkeit, Effizienz und Disziplin – Regulative des menschlichen Verhaltens, die als »Sekundärtugenden« immer schon einen Platz in der Organisation des Sozialverbandes beanspruchten, die uns aber erst im Zeichen der *technischen* Determination der politischen und sozialen »Umwelt« als schicksalhaft nötigende »Primärtugenden« begegnen.

31

Eindeutigkeit der Kunstsprache oder
Vom Ende der Ironie

Ein besonders »sprechender« Indikator für das Bemühen, konsequent die Spuren des Persönlichen und Unvollkommenen zu tilgen, sind die Versuche, eine perfekte Kunstsprache zu konzipieren, die in diesem Jahrhundert vielfältige Gestalt angenommen haben. Man kann zwei unterschiedliche »Modelle« einer Kunstsprache identifizieren: erstens die emotionslose, von jedem parteilich-bewertenden Beiklang gereinigte Wissenschaftssprache auf mathematischer Grundlage; und zweitens die der weltweiten Verständigung dienende, leicht zu erlernende Kunstsprache (wie z. B. Esperanto) auf der Basis einer »rationalen« Grammatik ohne all die Besonderheiten, Ausnahmen und Regelwidrigkeiten, welche die lebendigen, gewachsenen Sprachen sich herausnehmen.

Der erste, ungleich radikalere Versuch ist zugleich für unseren Zusammenhang, den Verlust der Irrtumsdimension, besonders illustrativ: Hier geht es ja vor allem darum, das Ideal »intersubjektiver Transmissibilität« von Aussagen möglichst rein zu verwirklichen. Was für bestimmte Bedürfnisse der Wissenschaft durchaus sinnvoll erscheinen mag: über einen verläßlichen Informationstransmitter zu verfügen, wird zu einem Frontalangriff auf die Freiheit und Expressivität des Individuums, wenn mit den Mitteln der Sprache das Denken und Handeln uniformiert werden sollen – wie etwa in George Orwells »1984«: In der Konstruktion einer »eindeutigen« Sprache, die weder Ironie erlaubt noch Ausflucht in Mehrdeutigkeit, »werden ... Gedankenverbrechen buchstäblich unmöglich gemacht ..., da es keine Worte mehr gibt, in denen man sie ausdrücken könnte« (S. 53).

Nirgends ist wohl präziser ausgedrückt, was die unvollkommene Alltagssprache leistet und wovor die Retortensprache versagt: Die »Unvollkommenheiten« sind es gerade, die die natürliche Sprache zu einem Medium der Freiheit machen, in dem neue Vorstellungen und neue Gedanken sich ausdrücken können. Nur eine Sprache, die lebt, die wächst und sich verändert, für die weder die grammatikalischen Regeln noch die eigene Semantik starr fixierbar sind, kann sich auf eine Welt einlassen, die entwicklungsoffen ist, d. h. *mehr* ist als die Welt der ein für allemal fixierten Tatsachen. Die Sprache, die H. G. Wells die Einwohner in seinem

»A Modern Utopia« sprechen läßt, ist, obschon weltweit verständlich, interessanterweise keine »perfekte Sprache«, sie ist vielmehr »ein lebendiges System von Unvollkommenheiten« und eben deshalb für eine irrtumstaugliche und entwicklungsfähige Gesellschaft ein angemessenes Medium ihrer unvermeidlichen Lernprozesse.

Die symptomatische Unvermeidlichkeit der Zahl

Noch drastischer als mit der emotionsgereinigten Kunstsprache rücken wir der Vieldeutigkeit mit Zahl und Be-Zahlung zuleibe. Uns ist suspekt, was kein Zahlenäquivalent hat: ein ungezähltes Volk, ein Gipfel ohne Höhenangabe, eine Person ohne eindeutige »Daten zur Person«, ein nicht errechneter Waldbestand, ein Auto ohne Nummernschild, ein Hund ohne Marke, Wählergunst, die sich nicht nach der Skala eines »Politbarometers« bemißt, ein Erdbeben ohne Angaben nach der Richterskala, ein Wintertag ohne Schneehöhen, ein Wettlauf ohne Zeitangabe, der Ligareport ohne Tore- und Zuschauer-Statistik, eine Demonstration ohne Teilnehmer- und eine Flutkatastrophe ohne Opferzahlen, Meinungen, Werte und Einstellungen ohne empirische »Basisdaten«.

Die Irrtumsfeindlichkeit unserer Epoche zeigt sich vor allem in der symptomatischen Unvermeidlichkeit der Zahl. Mit der Eindeutigkeit von Zahlen nährt man die eigenen Gewißheitsillusionen. Was man mit einer Zahl benennen kann, gilt als schlüssig gedeutet, als ein für allemal festgestellt und wider Überraschungen gefeit. Das Werk eines Dichters wird nicht allein durch die literarische Qualität seiner Arbeiten geadelt, sondern vielleicht noch mehr durch die Erwähnung der Auflagenhöhe; eine Ausstellung wird nicht »bedeutend« durch den Rang ihrer Exponate und die Art ihrer Präsentation, sondern durch den 500 000. Besucher, welchem der Museumsdirektor stolz die Hand schütteln konnte; eine Demonstration wird nicht eindrucksvoll und wichtig durch das Anliegen, welches sie bekundet, sondern durch die Bekanntgabe der Teilnehmerzahl.

Mit der Be-Zahlung drücken wir uns vor der eigenen Stellungnahme, mit der Zahl leugnen wir den Irrtum, mit ihr rücken wir unserer Unsicherheit zuleibe. Sie tut ihre Wirkung gerade dort, wo wir keine durch irgendeine Erfahrung belegte Vorstellung von dem haben, was ihr entspricht; und selbst dort noch, wo sich die Zahl in der Überzahl selbst aufhebt. Die kompensatorische »Bewältigung« der Tschernobyl-Katastrophe durch Zählen, Messen und Kartographieren hat deutlicher gezeigt als alles, was wir in diesem Felde sonst kennen, wie bereitwillig wir unsere Ohnmacht und unseren Realitätsverlust zahlenmagisch verschleiern. Die Be-Zahlung ist so populär, weil sie verspricht, man habe im Griff, was man be-zahlen könne.

Be-Zahlung ist die Schwundform der einstigen Be-Namung der Schöpfung unter den Bedingungen des Computerzeitalters.

Neben dem geläufigen enthält die Bibel ja noch einen oft übersehenen »zweiten« Schöpfungsmythos: Der Mensch macht sich selbst zum Herrn der Schöpfung durch die »Benamung« der Tiere. Indem er den Löwen »Löwe« nannte und den Bären »Bär«, machte er sich den für ihn jeweils bedeutsamen Teil der Natur verfügbar – bis hin zur Benamung der kleinsten Teile im Aufbau der Materie durch die neuzeitliche Physik. Benamen heißt beherrschen und verfügen.

Wer zählt, herrscht

Man wird den aktuellen Ängsten vor dem Erfassungsstaat, die in Boykottversuchen der Volkszählung gipfelten, nicht gerecht, wenn man sie »nur« beim Worte ihrer Argumente nimmt. Man wird die hier aufgebrochene Angst nur verstehen können, wenn man das zugrunde liegende, durchaus »rationale« Kernmotiv dieser Angst begreift: Zählgewalt ist seit jeher Herrschaftsgewalt. Wer über die Meß- und Erhebungssouveränität verfügt, *ist* der Souverän. Das ist im Zeichen der »neuen Verletzlichkeit«, der »autonom« nicht mehr wahrnehmbaren Strahlenbedrohung wie der elektronischen Datenerfassung und -vernetzung gewiß nicht weniger plausibel als zu Herodes' Zeiten. Wer zählt, herrscht. Beim militärischen Zählappell geht es weniger um die Frage: Seid Ihr alle da? als vielmehr um die ritualisierte Bestätigung eines Herrschafts- bzw. Abhängigkeitsverhältnisses. Zählenkönnen heißt Herrschen- und Verfügenkönnen. Wer gezählt wird, wird mit allen anderen über einen Kamm geschoren. Was immer er sonst sein mag, interessiert nicht. Wer gezählt wird, wird mit allem anderen gleichgestellt, weil im Zählakt alles Unvergleichliche unberücksichtigt bleibt; er gibt seine Geschichte auf und seine Persönlichkeit und wird Teil einer neuen, umfassenderen Ganzheit. Wer gezählt wird, wird auf das absolut irreduzible Maß an Gemeinsamkeit mit allem anderen reduziert: die Tatsache seines – zählbaren – Da-Seins. Sie ist zugleich das, was wir mit höchster Gewißheit von jedem wissen: Beim Zählen findet nur das Anerkennung, was sich in gleicher Weise über jeden aussagen läßt. Der Reduktionismus des Zählens veranschaulicht, welchen Preis wir für die Ausschaltung des Irrtums und die Beschränkung auf das mit Gewißheit Wißbare entrichten.

Dem Zählakt liegt eine doppelte Gewaltförmigkeit zugrunde: die Abstraktion von allem Persönlichen in der radikalen *Gleichstellung* mit allen anderen Gezählten *und* die absolute *Ungleichstellung* zwischen diesen und dem Zähler, der alle Attribute seiner »Persönlichkeit« behält.

Es ist ein gesunder Impuls, der uns als zu Zählende und zu Befragende zurückzucken läßt; er gilt der Wahrung der Persönlichkeit und damit der Bewahrung empirischer Vielfalt.

Attribute der Maschinenwelt oder Die Krankheit des Geistes

Wie einst in den utopischen Visionen der vollkommenen Gesellschaft wird in der irrtumsfeindlichen Welt der Großtechnik die Anpassungsfähigkeit an die Maschine zum Kriterium überlebensbefähigender Tüchtigkeit. Wer sich nicht anpassen kann oder will, wird von der technischen Evolution wegselektiert. Der Liebende und der Heilige, der Bauer und der Künstler, der Gefühlsmächtige und der Überzeugungsstarke, der Träumer und der Phantast, der Pionier und der »Spieler«, der Dichter und der Dandy, Robinson und der Rheinschiffer, der Sinnliche und der Sensible, der Individualist und der Kinderfreund – all diese notorisch nichtanpassungsfähigen Typen gehören zu den vom Aussterben bedrohten Charakter-Spezies. Ihre »Kompetenzen«: Liebe, Unabhängigkeit, Selbstlosigkeit, Freiheit, Kultur, Beschaulichkeit, Glück, Selbstverwirklichung, Spiel, Sensibilität, Wahrheit, Aufrichtigkeit, Urteil, Sinn für das Gute, das Schöne und das Überflüssige – all das wird verblassen, weil es nicht die Eigenschaften sind, welche der Mensch als Maschinenmutant braucht. »Alle schöpferischen Fähigkeiten, die von der Religion und der Kultur der Alten Welt inspiriert sind, werden verkümmern. Menschlicher zu werden, die menschliche Natur tiefer zu erforschen und nach dem Göttlichen zu streben, sind keine angemessenen Ziele für den zur Maschine gewordenen Menschen.« (Lewis Mumford, 1981, S. 142)

Die »vollkommene« Gesellschaft, die niemals fehlt und irrt, ist nur denkbar, wenn auf das menschliche Verhalten die nämlichen Prinzipien angewandt werden, die für die physikalische Welt verbindlich sind. Mit anderen Worten: Die vollkommene Gesellschaft besäße die Attribute der Maschinenwelt. Nur diese verbürgten den hohen Grad an Gewißheit und Präzision, der all ihre Aktionen auszeichnet.

Einmal gänzlich unter der Herrschaft des Verstandes, gäbe es auch keinen Grund mehr für Wandel und Fortschritt: Beide sind Kinder des Irrtums, nicht der Lösung! Warum sollte der Verstand, der Aufbau und Funktionsweise der Gesellschaft planhaft entwirft und konstruktiv begleitet, seine eigene Lösung widerrufen? Unter der einseitigen Ägide des Verstandes würde eine Gesellschaft entstehen, ähnlich den Insektenstaaten, die seit sechzig Millionen Jahren ihrer Struktur treu geblieben sind.

Weder die Gewißheiten des Instinkts noch die Gewißheiten des Verstandes lassen den Irrtum zu und gestatten Veränderung. Die Gefahr ist heute schon ablesbar, daß ein »instinktiver« Verstandesabsolutismus die Vielfalt des Lebens mit seinen überbordenden Möglichkeiten erschöpfen und in der Schwerkraft eines einzigen Entwurfs versteinern könnte. Wo die Gewißheit zunimmt und mit ihr die Festlegungen, wo die Verstandeslösung ähnlich unwidersprochen Geltung beansprucht wie einst der Instinkt, da sind Vielfalt und Offenheit bedroht und, was schlimmer ist, die Sensibilität dafür, was sie für die menschliche Freiheit bedeuten.

Die allermeisten von uns werden über Meldungen hinweglesen und -hören, in welchen, im nüchternen Ton wissenschaftlicher Trendprognosen, die Bedarfsziffern der Welt von morgen verkündet werden: der Bedarf an Programmierern und Datenverarbeitern, an Lehrern und Journalisten, an Atomstrom und Automobilen, an Wohnraum und Wasser. Daß hiermit zugleich nirgends diskutierte und explizierte Entscheidungen darüber gefällt werden, wie wir morgen leben und zusammenleben wollen, – wer macht sich das schon klar? Wer macht sich schon klar, daß solche »Gewißheiten« meist nur vage (Wunsch-)Projektionen auf der Basis von Ceteris-paribus-Annahmen sind? Wer findet noch etwas dabei, daß wir dutzendfach alle Tage Menschen nach ihrer beruflichen Eignung beurteilen, statt Berufe auf ihre Eignung für Menschen hin zu untersuchen und zu entwickeln? Kaum jemand, der in einer öffentlichen Diskussion die »mangelnde Mobilitätsbereitschaft« der deutschen Arbeitnehmer beklagt, wird den Widerspruch ernten, den ein solches Argument verdient: daß es »inhuman« ist, da es die Bedürfnisse des Produktionsapparats über jene der Menschen stellt; daß Seßhaftigkeit eher ein Zeichen kultureller und humaner Reife ist, weil sie offensichtlich soziale Lebenschancen und regional gebundene Lebensqualität höher veranschlagt als ökonomische Interessen.

Wenn es einem Wissenschaftsmagazin möglich ist, mit der Verblüffungsfrage »Was spricht eigentlich gegen Plastikbäume?« Verlegenheit zu stiften, dann zeigt dies nur, daß neben den natürlichen längst auch unser »kultureller« Gefahreninstinkt beschädigt ist. »Die damit angesprochene Dummheit ist keine Geisteskrankheit, und doch ist sie die lebensgefährlichste, die dem Leben selbst gefährliche Krankheit des Geistes.« (Robert Musil)

Das Denken, welches ein Zweckhaftes ganz und gar einkreist und dieses für verbindlich erklärt, vergibt die Chance, sich einer neuen Wahrheit zu öffnen; eine Chance, welche auch die Liebe uns bietet, wo sie den anderen nicht vereinnahmt, sondern als anderen sein läßt. Das Denken, welches zum Türsteher der eigenen Gewißheiten wird, stellt eine Gefahr dar fürs Leben.

Werkzeug und Maschine

Herren sind wir, die sich zu Sklaven des Sklaven gemacht haben: Wir haben die Maschine und ihre »Bedürfnisse« in den Mittelpunkt allen Tuns gerückt, wir versammeln uns um sie, wir stellen nach ihrem Takt unsere Uhren. Sie, das ist: ihre »Kapazität« und deren »Auslastung«, ist das Ziel unserer planenden Anstrengungen. In den allermeisten Fällen ist der Ausfall eines Arbeiters, der eine Maschine »bedient« (!), viel leichter zu verschmerzen als der Ausfall der Maschine selbst. Der Weg der Automatisierung, den wir beschritten haben, hat uns nicht stärker und geschickter gemacht, er hat uns an den Rand des eigentlich bedeutsamen Produktionsgeschehens gedrängt: Die Arbeit übernehmen die mechanischen Sklaven, und diese wiederum bedienen wir. Die Automatisierung hat viele von uns zu *Sklavensklaven* gemacht, zu Fremdlingen in der einstigen Heimat der Arbeit. Scheu und Ehrfurcht, mit denen wir uns den gewaltigen Tempeln der Technik nähern, sind nicht ohne Grund. Sie ähneln der Beklommenheit, mit der wir als Fremde den Zeugnissen überlegener und unbegriffener Macht gegenübertreten: Wie die Tempel der Vergangenheit gibt auch die Maschine ihr Geheimnis nicht preis. Der innerste Kreis der Macht bleibt dem Menschen gänzlich verschlossen; die Maschine behält ihn sich selbst vor und ihresgleichen. Der Mensch stört oder ist der dort versammelten »Macht« nicht gewachsen. Sklavensklaveherr, der er manchmal ist, taucht er erst wieder auf an den Rändern der Maschine, an den End- und Schnittstellen mechanischer Emsigkeit, unauffällig, nach Gewand und Habitus ganz Funktion geworden, mit einem Auftrag verschmolzen, von dem keiner mehr entscheiden mag, wer ihn einst gegen wen aussprach.

Die Großmaschinen der Gegenwart lassen kaum noch ahnen, daß sie ihre Heraufkunft der vielleicht folgenschwersten Grenzüberschreitung in der Geschichte der menschlichen Arbeit verdanken – der zwischen Werkzeug und Maschine. »Der Handwebstuhl ist ein *Werkzeug*, eine Vorrichtung, die die Kettfäden spannt, so daß die Finger des Handwerkers die Schußfäden um sie herumweben können. Der mechanische Webstuhl hingegen ist eine *Maschine*, und ihre Bedeutung als Zerstörerin der Kultur liegt darin, daß sie den zutiefst menschlichen Teil der Arbeit verrichtet.« Es ist zu fürchten, daß Ananda Coomaraswamy (zit. nach E. F. Schumacher, 1985, S. 50) recht hat: daß, was von der Arbeit bleibt: jener von der Maschine belassene subhumane Rest, uns echte Läuterungs- und Befreiungschancen *in* der Arbeit nicht mehr eröffnet.

Zweckhafte Eindeutigkeit

Kaum eine Aktivität ist denkbar, die nicht entwertet würde, wenn man sie nur noch als Mittel zur Erreichung eines bestimmten Ziels betrachtete. Das gilt für die Liebe und für die Party, für die Politik und für die Arbeit. Wenn wir als »Zweck« der Liebe ausschließlich die Erzeugung der Nachkommenschaft ins Visier nehmen oder als »Zweck« der Politik allein die Steigerung des Sozialprodukts, so reduzieren wir das Potential der Liebe wie das der Politik auf jeweils höchst willkürliche Weise. Wir wenden das irrtumsimmunisierende Zweckdenken auf Bereiche an, in denen es nichts verloren hat. Politik und Liebe gehören, wie eigentlich alle menschlichen Tätigkeiten, einer Sphäre an, in der stets auch das Nicht-Zweckhafte »mitbezweckt« ist; in der das Unplanbare, Nicht-Vorhersehbare, ja das Ungewollte das eigentlich Bedeutsame und Unvergleichliche ausmacht, das wir den Handlungen dieser Bereiche danken. Je enger gefaßt die Zwecke sind, auf die hin wir unsere Anstrengungen konzentrieren, um so weniger bieten sie die Chance einer auch das Geistig-Affektive umfassenden Bereicherung. Gerade das, was die ungeheure Effizienzsteigerung bewirkt: die Konzentration auf den rational bestimmten Zweck, ist zugleich ursächlich für Verarmung und Verkümmerung unserer Tätigkeitsmotive. Der allzu kurze Zügel der eindeutigen Zweckorientierung bringt uns um die Chance, bei unseren Tätigkeiten Entdeckungen zu machen, dazuzulernen und uns auch auf ungeplante Weise zu vergnügen. Geplante Freud' ist halbe Freud'! Der Plan absorbiert zwangsläufig Vergnügen, weil er uns zur sozialen Simulation von »Spontaneität« verpflichtet. Vergnügen und Freude sind spontane Qualitäten, die man nur sehr schwer für einen festen Zeitpunkt einplanen kann. Mit Geburtstagen, Jahrestagen und anderen kalendergebundenen Jubelanlässen verfahren wir zwar genauso; doch hier läßt sich ein solches Verfahren, als Strukturierung durch das Außeralltägliche, durchaus rechtfertigen. Ob wir indes gut damit fahren, wenn wir den Riß zwischen dem verzweckten, verplanten und irrtumsgesäuberten Dasein und jenem der affektiv reichen, vieldimensionalen, planhaft unvorbestimmten Erfahrungen zum Lebensriß erweitern und ihn institutionell befestigen, ist zweifelhaft. Daß wir die Daseinssphären von Arbeit und Spiel, von zweckgeleitetem und zweckfreiem Tun so hermetisch auseinanderlegen, »hat schwere Folgen. Der Mensch, der nach getaner Arbeit frei ist zu tun, was er will, ist nicht derselbe wie der, der Freude in seiner Arbeit erlebt.« (Bertrand de Jouvenel, 1971, S. 77)

Am entschiedensten haben wir den Irrtum aus der Arbeit verbannt. Der Fortschritt in der Organisation der Produktion läßt sich auch als Fortschritt in der immer raffinierteren und aufwendigeren Verhinderung des Irrtums beschreiben. Den fast vollständigen Sieg über den Irrtum, den wir in der Arbeit errungen haben, verdanken wir zunächst, jenseits aller technisch vermittelten Disziplinierungen, einer mit aller Konsequenz vorangetriebenen *geistigen* Disziplinierung: dem Zwang, immer genauer zu bestimmen, was wir eigentlich wollen; immer exakter zu definieren, was der Zweck der produktiven Anstrengung ist, und deshalb: immer trennschärfer zu unterscheiden zwischen dem, was zur Arbeit gehört und was nicht. Weniger die Arbeits*teilung*, die in diesem Zusammenhang meistens genannt wird, als vielmehr die *zweckhafte Engführung* der Arbeit hat jenen Prozeß der Routinisierung und Rationalisierung angestoßen, der uns mit einer Vielzahl im einzelnen gar nicht mehr wahrgenommener Irrtumsvermeidungszwänge wie mit einem immer schwerer und enger werdenden Panzer umgibt.

Mit der zweckhaften Engführung der Arbeit werden alle jene Fehlerquellen ausgeschaltet, die Verzögerungen, Irrtümer und Abweichungen verursachen könnten. Übrig bleibt nur der immer präziser gefaßte, immer eindeutiger bezeichnete und »gewußte« Produktionszweck. Hauptmerkmal dieser »Vereindeutigung« ist der mechanische Arbeitsvollzug. Die Persönlichkeit des Produzenten als Hauptquelle für Fehler und Abweichung muß neutralisiert werden, soll sie den minutiös festgelegten Produktionszweck nicht gefährden. Die *Suspendierung der Persönlichkeit* ist nicht nur eine bedauerliche Begleiterscheinung arbeitsgesellschaftlicher Zwänge, sie ist die Voraussetzung für das Gelingen eines planhaften Produktionskonzeptes schlechthin.

Wie für die zivilisatorische Entwicklung insgesamt gilt für den Fortschritt der Arbeitsorganisation im besonderen: Die Vermehrung von Eindeutigkeit und die Steigerung von Gewißheit sind

Kampfansagen an den Irrtum; zugleich aber haben sie die Arbeit zu jenen beispiellosen Höhen des Erfolgs geführt, der es den Kritikern der Arbeitsgesellschaft so schwer macht, mit ihren Bedenken Gehör zu finden.

In diesem Erfolg finden wir wohl auch die Erklärung für das, was ansonsten so schwer begreiflich ist: Warum die Zumutungen der Zivilisation zu allen Zeiten so wenig Widerspruch gefunden haben; und warum die arbeitsgesellschaftliche Organisation für die allermeisten Mitglieder einer Gesellschaft den Raum und die Energien so empfindlich zu beschränken vermag, die doch viel näherliegender und natürlicher für das Spiel und die Liebe, für das Schöne und »Überflüssige« beansprucht werden könnten.

Arbeit und Leben

Die Parzellierung des menschlichen Daseins in »Arbeit« und »Leben« stellt gewiß hinsichtlich der Effizienz der Arbeit einen Fortschritt dar; psychisch aber entwertet sie die Arbeit, indem sie sie gegen die sinnhaften Tätigkeiten isoliert; und ökologisch zerstört sie das Gleichgewicht der Natur, indem sie sie behandelt, als sei sie gratis da. Für den Frühsozialisten Charles Fourier war die »attraction industrielle« der Gradmesser für wirkliches Wohlergehen unter den Bedingungen der Industriearbeit, nicht bloße Effizienzsteigerung und Produktivitätsfortschritt, für die sein historischer Widerpart Saint-Simon sich begeisterte. Die meisten seiner Vorschläge zur Humanisierung der Arbeit zielen auf das innere Verhältnis des Menschen zur Arbeit. Er entwirft ein Programm, welches sich vor allem der »psychologischen Proletarisierung« widersetzt: Er betont die Bedeutung des Produktionsumfeldes, der Zusammensetzung der Arbeitsgruppen, des Wechsels im Was und Wie des Arbeitsauftrags. Mit der Re-etablierung von Teilhabechancen und mit der Berücksichtigung persönlicher Belange in der Organisation der Produktion versucht er, dem Leben die Pforten der Arbeit zu öffnen. Fourier war nicht bereit, als Preis für eine irrtumsfreie Produktionssphäre den Lebenszwiespalt zwischen einem entfremdeten Arbeitsdasein und einer kompensatorischen Freizeitexistenz zu akzeptieren. Er sah, was wir heute auch sehen, wenn wir über die »Zukunft der Arbeit« nachdenken:

daß das Schicksal der Arbeitsgesellschaft wohl mehr »im Kopf« entschieden wird, als unter unseren Händen; daß die Arbeit die zentrale Tätigkeit des Menschen ist und daß daher die Probleme, die der Mensch mit der Arbeit hat, *in der Arbeit* gelöst werden müssen, nicht in der Kompensation durch exzentrische Freizeitaktivitäten.

Nehmen, ohne zu begreifen

Die Kultur der Effizienz, die Durchsetzung jener Geisteshaltung, die Europa seit dem 18. Jahrhundert zum Zentrum des technischen Fortschritts werden ließ, opponierte erfolgreich einem der ältesten Tüchtigkeitsmerkmale der menschlichen Spezies: der Fähigkeit, durch Versuch und Irrtumskorrektur zu lernen. So sehr dieses Lernen selbst zum technischen Fortschritt beigetragen hat, so wenig scheint der »Geist« des technischen Fortschritts, die »libido dominandi«, einmal zur Herrschaft gelangt, bereit, auch künftig die Fesseln und Hemmnisse des Irrtumsweges hinzunehmen: Vielfalt und Unvollkommenheit, Verzögerung und Gemächlichkeit. Was unter der Bedingung einer aufs *Bewahren* gerichteten Handlung sinnvoll erscheint: Erfahrungen zu erwerben, Kriterien für nützlich und schädlich, für verwerflich und bewahrenswert zu erhalten, wird für den, der sich dem *Bewirken* (Claus Offe) verschrieben hat, zur schieren Zeitverschwendung. Im Kult des Bewirkens wurden wir zu hocheffizienten Barbaren. Unsere Weise des Begreifens zielte einzig auf Raub: »Nehmen, ohne zu begreifen – das ist die Tat des Barbaren. Begreifen, nur um zu nehmen – das ist die Rationalisierung der Barbarei, der Geist unserer Zivilisation.« (Bertrand de Jouvenel, 1971, S. 191)

»Krebs« oder Die Wiederkehr des Irrtums als Katastrophe der Vollkommenheit

Der Irrtum, den wir aus dem Bereich der Arbeitsorganisation und Arbeitstechnik so sorgsam ausgeschlossen haben, bedrängt uns, in potenzierter Form und gesteigerter Größenordnung, in vielen anderen Bereichen. Ein Entrinnen gibt es nicht. Technische Er-

rungenschaften entpuppen sich bei genauerem Hinsehen oft als
»Verschlimmbesserungen«: Sie verlagern die Kosten- und Problem»masse« – auf »nachgeordnete« Bereiche: das Soziale, den
Menschen, die Natur. Wie immer wir den Problemtransfer im
Dreieck zwischen Arbeit, Leben und Natur organisieren, wir
entkommen so lange nicht der Dialektik von Arbeitsorganisation
und Daseinsgestaltung, als wir nicht erstere bewußt zu einem
Bestandteil der letzteren machen. Solange wir auch in unserer
analytischen Betrachtungsweise nicht zusammenbringen, was in
Wahrheit zusammengehört: Arbeit, Leben und Natur, so lange
werden wir als Fortschritt feiern, was in Wahrheit Selbstzerstörung ist.

Nicht allein die Häufigkeit der Erkrankung macht den Krebs
zur »paradigmatischen« Art des Krankseins und Sterbens in unserer Epoche; es ist auch das Wie und Was des Krebsleidens, das uns
ahnen läßt, es könne sich hier im Maßstab der singulären Existenz
das Drama unserer Zivilisation ereignen. Vom Standpunkt der
Zelle betrachtet, ist der Krebs ja ein Triumph ohnegleichen: die
gelungene Programmierung der Zelle auf »Unsterblichkeit«, die
endgültige Herstellung von Ordnung und Vollkommenheit, der geglückte Sieg über Zufall und Irrtum!

Vom Standpunkt des Gesamtorganismus ist er eine einzige
Katastrophe: die Überlagerung und Vernichtung der Vielfalt, die
Erstickung differenzierter Organfunktionen im einseitigen, un-
kontrollierten Zellwachstum und schließlich der Tod, das Erliegen lebensnotwendiger Versorgungsfunktionen des Gesamtorganismus. Der unkontrollierte Vermehrungserfolg der Zelle führt
auf der Triumphstraße äußerster »Tüchtigkeit« geradewegs in den
Untergang alles am Gesamtorganismus beteiligten Lebendigen –
auch der Zelle selbst. Diese feiert den Höhepunkt ihres Sieges im
Augenblick des eigenen Untergangs: Sieg und Selbstvernichtung
fallen in eins. Welch ein Bild tödlicher Ironie: Der Untergang ist
nicht etwa die *Folge* des Totalerfolgs, nein, der Höhepunkt des
Erfolgs *ist* der Untergang. Die Vernichtung des Ganzen ist der
Triumph des Teils, der für sich das balancierende Versuchs- und
Irrtumsspiel beendet hat. Die Rückkehr des Seins aus der äußersten Extensität ins Nichts, die äußerste Steigerung partieller Ordnung bis zur Vollkommenheit der Selbstvernichtung.

Nur wenig, was uns im Persönlichen schicksalhaft widerfährt, eignet sich besser als Gattungsmenetekel. Krebs ist der Einfalts-triumph einer Zelle, die für ihr Binnenwachstum systematisch den geschmeidig regulierenden »Irrtum« suspendiert und damit, ohne dies zu »wollen«, die lebenserhaltende Balance zwischen der Viel-falt am Leben partizipierender Funktionen zerstört. Alle »Wucherungserfolge« sollten die Alarmglocken schrillen lassen. Ganz gleich, ob von fast-food-Ketten die Rede ist, vom Bevölke-rungswachstum, von Übertötungskapazitäten in der Hochrü-stung, vom »Siegeszug« der wissenschaftlichen Rationalität, von der Steigerung des Bruttosozialprodukts, von der »Entfesselung der Produktivkräfte«, von der »industriellen Massenfertigung« oder von der Auto-, Beton- und Kommunikationsgesellschaft. Stets, wenn ein Teil seine Funktionen unkontrolliert auf Kosten aller anderen Teilfunktionen erweitert, steht die Lebensfähigkeit des Ganzen auf dem Spiel. Im Imperialismus des Partiellen liegt der Keim des »großen« Untergangs.

Droht uns im ungebremsten »Chauvinismus der Art« das Gla-diatorenschicksal der sich zu Tode siegenden Kreatur? Die irr-tumsfeindliche Großgesellschaft leidet längst an vielen Stellen unter Wucherungserfolgen der Zivilisation. Unser Schicksal äh-nelt dem der Seerose auf einem überdüngten Teich: Auch hier ist der Augenblick des Triumphes – wenn die Seerose die Teichober-fläche erschöpft – eins mit dem Moment des Untergangs. Das Lebendige des Teichbiotops stirbt und mit ihm die Seerose. Sie hatte in ihrem Vermehrungsrausch einfach »vergessen«, daß ihre Lebenschancen von den Lebenschancen alles anderen beteiligten Lebens nicht zu isolieren sind . . .

Unser notwendigerweise »parteiischer« Eingriff in einen Ba-lance-Zustand, der sich oft erst in erdgeschichtlichen Zeitdimen-sionen »eingespielt« hat, durchkreuzt den aufwendigen Kampf des Lebens gegen die »Entropievermehrung«, jene Zunahme der – tödlichen – Unordnung im Ganzen, entgegen dem Augenschein einer primären Ordnungssteigerung, welchen die konkurrenzlose Ausbreitung der Zelle, der Seerose, des Automobils etc. erwecken könnte. Am Ende des großen Irrtums der Irrtumsverweigerung im Kleinen triumphiert die »wahrscheinliche Unordnung«, der Tod, und zwar als doppelter: als der »große« *und* der »kleine« Tod, der Einzelwesen *und* Zelle, Teich *und* Seerose, Zivilisation *und* Auto-mobil gleichermaßen betrifft.

Wir können dem Vermehrungserfolg ins Übermaß nur huldigen, wenn wir den Untergang verdrängen, welcher er ist. Unser Jubelruf gleicht dem Frohlocken der Seerose, welche die noch verbliebenen Lücken im Todesteppich ihres Fortpflanzungserfolges schließt; unsere Blindheit für die wahre Qualität der meisten unserer zivilisatorischen Erfolge ist die Blindheit der Zelle, die stolz auf den berstend prallen Tumor weist.

Wenn Vergleiche immer »hinken«, so kann dies auch heißen, daß sie hinter der durch sie illuminierten Wirklichkeit notwendig zurückbleiben. Können wir indes hoffen, daß unser Vergleich suggestiv übertreibt? Viereinhalbtausend Jahre nach der Erbauung der Pyramiden, fast dreitausend Jahre nach Homer, siebenhundert Jahre nach der Errichtung der Kathedrale von Reims, fünfhundert Jahre nach den Gemälden Botticellis und den Stanzen Polizianos bezeichnen wir den Erfolg der Wissenschaft, der Technik, der Wirtschaft und der Politik eines Landes im Prinzip mit einer einzigen Zahl: der Ziffer für das Bruttosozialprodukt. Stehen wir mit unserem Hinterhofhorizont barbarischer Pleonexie an Enge, Borniertheit und Einseitigkeit wirklich den bewußtlos wuchernden Zell- und Seerosenkulturen so sehr nach?

III. Verteidigung der Unvollkommenheit

Unverfügbarkeit des Irrtums

Jenseits der hier akzentuierten Gefahren des »posthistorischen Menschen« gilt: Anders als der einzelne Organismus ist die Welt als ganze ein offenes System, und das Künftige ist wesentlich unvordenkbar. Daher gehört es zu den Pflichten der Intelligenz, jene Gefahren besonders zu bedenken, die sich aus einer Überschätzung der Intelligenz ergeben könnten. Je weiter wir uns – evolutionär gesehen – aus der anorganischen Entropie fortbewegen, um so unzuverlässiger werden Prognosen und um so plausibler wird ein Konzept, welches den Irrtum nicht nur zähneknirschend hinnimmt, sondern ihn sich als Erkenntnismedium zu eigen macht.

Wirklichkeit ist Werden, und Werden ist Irren: »Emporirren«. Keiner, der nicht Suchender wäre; keiner, der findet, ohne Irrender zu sein. Was Hegel die »List der Vernunft« nannte, ist die werdende Wirklichkeit, die sich dem beharrlich verweigert, der sie herbeizwingen will; und die sich jenem verbindet, der nicht verschmäht, »ich weiß nicht« zu sagen und »wir werden sehen«! Nur wenn der Mensch, »der erste Freigelassene der Schöpfung«, wie Herder ihn nannte, sich selbst nicht zu ernst nimmt, hat er Aussicht, von ihr ernst genommen zu werden.

Wir werden immer unsere Ziele verfehlen. Dies bekommt den Zielen stets und nicht selten auch uns! Auch an der Hand des Irrtums schreitend, verfehlen wir Ziele, aber nur um sie sogleich um so fester ins Auge zu fassen. Geborgenheitswissen und »kosmischer« Optimismus dessen, der sich dem evolutionären Irrtumsweg anvertraut hat, der sich von der Entwicklung tragen läßt, den nichts in der unbegreiflichen Dynamik des Weltalls beunruhigt, und sei's die Gewißheit des eigenen Todes, – wohl selten ist dies schöner ausgesprochen worden als in der mystischen Weisheit der Verse des islamischen Dichters Dschalâl ed dîn Rûmî, der im 13. Jahrhundert lebte:

>Ich starb als Stein und ward daraus zur Pflanze,
>Ich starb als Pflanze, ward erhöht zum Tier,
>Ich starb als Tier und ward ein Mensch. Nicht fürcht' ich,
>Daß ich bei neuem Sterben je verlier.«

Wahl oder Widerfahrnis?

Ist es wirklich des Menschen »unwürdig«, daß ihm widerfährt, was er nicht gewählt hat? Muß er immer und überall »im Griff« haben, was sich ereignet? Woher eigentlich nehmen wir die Gewißheit einer *weisen* Wahl, vorausgesetzt, Sartres berühmte Formel von der »Wahl, die wir sind« gelte tatsächlich? Müßten uns nicht »Wahlen« der Vergangenheit erschrecken, solche, bei denen uns nichts erkennbar zwang zu tun, was wir gleichwohl taten? Gegenüber der Vision der Vollkommenheit, die des vollkommenen Menschen bedarf, um nicht bei der Gaskammer und beim Gulag zu landen, möchten wir zur Unvollkommenheit ermutigen: zur Bejahung einer *Existenz*, der zufällt und zustößt, die prekär ist und über weite Strecken bewußtlos; eines *Lebens*, in dem wir häufig müssen, was wir nicht wollen, und wollen, was wir nicht können, und können, was wir nicht dürfen; einer *Geschichte*, die in keinem Augenblick das repräsentiert, was irgendein identifizierbarer Kopf gewollt und entworfen hat; einer Geschichte, die Zeugnis unserer Ohnmacht ist und Zeugnis des Aufbegehrens wider sie. Es hängt von der Sympathie des Interpreten für das eine oder das andere ab, ob er der Heroik des Vergeblichen huldigt oder der Unvollkommenheit seine Reverenz erweist.

Was fügte es der menschlichen »Würde« hinzu, wenn wir in allem das Resultat unserer Absichten wären? Wenn der Mensch mit jeder Entscheidung ganz von vorn beginnen könnte, sich nicht einreihen müßte in die Kette des Entschiedenen und Vorentschiedenen? Wenn er sich in seinem Wollen nicht mit den Willensimpulsen der anderen auseinandersetzen müßte, sondern ausschließlich *handelndes* Wesen wäre, dem nichts *widerfahren* könnte? Was erscheint uns so besonders würdevoll an der sozialen Schwerelosigkeit einer raumzeitlich ungebundenen Schwebeexistenz?

»Wo (. . .) ›die philosophische Betrachtung (. . .) keine andere Absicht (hat), als das Zufällige zu entfernen‹, wird (. . .) dieses zu ihrem Programm: den Menschen absolut zu machen.« (Odo Marquard, 1986, S. 118)

Das »Programm der Absolutmachung des Menschen« ist das Programm seiner »Loslösung« aus Bindungen der elementarsten Art: Er löst sich aus der *Zeitlichkeit* seines Seins und reißt sich los vom *Anderen*. Er wird zur fiktiven Mitte des Seins – ohne eine wirkliche Mitte zu haben. Seine Ein-samkeit stellt er über alle Gemeinsamkeit. Der Mensch, der darauf beharrt, äußerste Freiheit und absolute eigene Wahl zu sein, entzieht sich nicht nur der raum-zeitlichen Kontinuität, er verweigert sich auch den Anderen. Die »Tatsache« des Anderen ist ihm Gewalt. All sein Trachten ist darauf gerichtet, den Anderen unschädlich zu machen, ihm die Waffe der selbst formenden Subjektivität zu entwinden, ihn zum Objekt werden zu lassen oder ihn zumindest in seinen Wirkungen zu reduzieren und zu begrenzen.

Der entwerfende Andere könnte den eigenen Entwurf durchkreuzen; er muß fallen, damit er nicht zum störenden »Zwischenfall« wird. Für Sartre, für den das Ich die Welt in radikaler Ausschließlichkeit von sich selbst her denkt und entwirft, trägt auch noch die zärtliche Hinwendung zum Anderen die Spuren der Aggressivität: »Die Liebkosung ist nicht einfach ein leichtes Anstreifen: sie ist Formgebung. Wenn ich den anderen liebkose, lasse ich sein Fleisch durch meine Liebkosung unter meinen Fingern entstehen. Die Liebkosung ist das Insgesamt der Zeremonien, die den anderen zu Fleisch werden lassen.« (1962, S. 499) Denn der Andere »ist für mich der, der mir mein Sein gestohlen hat, und zugleich der, der es bewirkt, daß es ein Sein gibt, welches mein Sein ist« (ebd., S. 468).

Mit dem Radikalismus des absoluten Menschen, mit dem Radikalismus der »Wahl« und des »Willens« geht also eine doppelte »Befreiung« einher: die Befreiung von der Zeitlichkeit und die Befreiung vom Anderen. Mit beiden Arten der Befreiung entfernen wir uns aus der Wirklichkeit – aus der Wirklichkeit der *Geschichte* und aus der Wirklichkeit der *Gesellschaft*.

An beiden Wirklichkeitsdimensionen haben wir gleichwohl teil, ob wir dies bejahen oder verleugnen. Beide sind uns Grund und Grenze des Daseins. Bevor unser Sein »da« ist, ist es *Geschichte*; und bevor es *vernünftig* ist, ist es *sozial*. Bevor wir »wählen«, *werden* wir durch *andere* und mit *anderen*.

Das Werden und Sein *mit anderen* ist das Medium, in welchem der Irrtum siedelt. Er ist uns als *zeitlichen* und *sozialen* Wesen unverfügbar. Aus der zeitlichen Nachfolge erwachsen uns Zwänge und Einschränkungen unserer Wahl wie aus dem Wählen und Entwerfen der anderen. Beide, Herkunfts- und Sozialbedingungen, »programmieren« unsere Irrtümer. Beide berauben unsere Wahl der wortwörtlichen Durchschlagskraft: Es kommt stets anders, als man denkt. Weil unsere Wahl sich immer mit den Wahlen der anderen kreuzt und auf die nachwirkenden Folgen vorangegangener Wahlen trifft, ist sie notwendig »unvollkommen« und nie »absolut«.

Kinder der Not, die wir sind, stehen uns Zufälle und Irrtümer gut zu Gesicht. Weder aus eigener Vollkommenheit entstanden, noch in der Dauer des Lebens absolut wahlfrei, sind wir von Anfang an, was wir nicht wählten: Wir *sind*, und wir sind *»zum Tode«* (Martin Heidegger, 1927, S. 235). Wir haben das Leben nicht gewählt und auch nicht sein Ende, den Tod. Selbst der »Freitod« zollt dem, was uns »zufällt«, Tribut: Er nimmt nur vorweg, was ohnehin unverfügbar ansteht: das Vergehen als eine Kondition des Werdens und Gewordenseins.

»Für die absolute Wahl ist das Menschenleben zu kurz; ganz elementar: die Menschen haben einfach nicht genug Zeit, das, was sie – zufälligerweise – schon sind, absolut zu wählen oder abzuwählen und statt seiner etwas ganz anderes und Neues zu wählen oder gar absolut zu wählen; ihr Tod ist stets schneller als ihre absolute Wahl. Gegen das Programm der Absolutmachung des Menschen steht also seine – sterblichkeitsgeprägte – Wirklichkeit.« (Odo Marquard, 1986, S. 121)

Von Problem zu Problem statt von Lösung zu Lösung oder Wir irren uns voran

Das Leben »lebt« von unlösbaren Problemen. Wir bewegen uns mehr von Problem zu Problem als von Lösung zu Lösung: Wir irren uns voran. Denn es gibt keine Lösungen, die unsere geheime Verzweiflung heilen, die die Bedeutung des Lebens, den Sinn der Existenz ein für allemal erhellen könnten.

Lebensprobleme sind keine Lösungsprobleme. Bei den Lebensproblemen: in der Liebe und Freundschaft, in der Wirtschaft und im Beruf, in der Erziehung und in der Politik, muß täglich Unlösbares ausgehalten, durchlebt, lebenspraktisch versöhnt werden. Die Konflikte, die uns hier begegnen, zwingen uns, eine neue Ebene der Vorstellung in's Spiel zu bringen, die *jenseits* der am Konflikt beteiligten Gegensätze liegt. »Wir können auf der menschlichen Ebene nicht ohne Vorstellungen leben. Von ihnen hängt ab, was wir tun. Leben bedeutet nicht mehr und nicht weniger, als daß man eine Sache anstelle einer anderen tut.« (Ortega y Gasset) Logisch lösen solche »Vorstellungen« natürlich keinen Gegensatz auf; doch helfen sie, ihn lebenspraktisch latent zu halten, wenigstens für eine gewisse Zeit. Politik und Leben sind voller solcher unlösbarer Gegensätze, mit denen man nur leben kann, wenn es gelingt, sie zugunsten eines Dritten links liegen zu lassen.

Ein politischer Grundsatzkonflikt wie der zwischen »Fundamentalisten« und »Realisten« in der Grünen Partei ist natürlich durch Anwendung der Logik nicht zu lösen. Wäre dies der Fall, bedürfte es nicht der Politik. Politik ist die Gemeinsamkeit des »Dennoch« jenseits der Unterschiede; Politik ist, wenn's weitergeht, obwohl eigentlich gar nichts geht. Und so behelfen auch die Grünen sich in ihren verbandspolitischen Flügelnöten *politisch:* Sie bringen ein Drittes in's Spiel – die »Fundis« wie »Realos« verbindende Angst vor der Sekte, Angst vor dem Rückfall in die Bedeutungslosigkeit und Psychoödnis von parteisektiererischen Hyde-Park-Existenzen. Mit anderen Worten: Sie irren sich voran, üben den Schlagabtausch, testen die Stärkeverhältnisse der Flügel im Infight – aber vermeiden das Letztrisiko der verbandspolitischen Zerreißprobe. Ernst Friedrich (E. F.) Schuhmacher hat im Anschluß an G. N. M. Tyrell zwischen »divergierenden« und »konvergierenden« Problemen unterschieden (1985, S. 88 ff.). Alle wirklichen und natürlich vorhandenen Probleme sind *divergierende* Probleme, die, obschon nicht lösbar, durch Verknüpfen und Zusammensehen mit anderen, noch bedeutsameren Problemen Leben und Weiterleben nicht nur nicht entscheidend behindern, sondern beide in der kostengünstigen und doch spannungsreichen »Mittellage« halten. *Konvergierende* Probleme sind artifizielle Problemkonstrukte, die, unter Abstraktion von Wirklichkeit und Erfahrung gewonnen, eindeutige und endgültige Lösungen zulassen – eine Mathematikaufgabe, ein Kreuzworträtsel, die Analyse einer chemischen Verbindung. Solche Lösungen, einmal gefunden, lassen sich fixieren und beliebig mit-teilen. Mit solchen Lösungen gibt es keine nennenswerten Tradierungsprobleme. Jede Generation kann von der vorangegangenen das Staffelholz übernehmen. Dies ist einer der

Gründe, weshalb der Fortschritt in den Naturwissenschaften und der Mathematik ein so viel eindeutigeres Phänomen ist als der Fortschritt etwa in der Philosophie und in der Kunst, in der Lebensführung und in der Moral. Während ersterer sich vor allem in der Erprobung an neuen Herausforderungen legitimiert, hat letzterer es auf immer neue Weise mit den alten Fragen und Problemen zu tun: Wer sind wir, woher kommen wir, und wohin haben wir sinnvollerweise zu gehen, warum ist das eine wertvoller als das andere, warum darf ich das eine und muß das andere lassen? Sind die Antworten der Philosophie und verwandter Disziplinen stets »unmittelbar zu Gott« (Leopold Ranke), muß jede Generation aufs Neue ihre Antwort für sich finden, so können die Naturwissenschaften im Schutze der Abstraktion vom Diskontinuierlichen und Kontingenten kumulativ Antwortstein auf Antwortstein fügen. Ließen sich für das menschliche Handeln und Entscheiden in ähnlicher Weise lösungsstrategisch Antworten »kumulieren« – in der Freundschaft, in der Ehe, in der Erziehung, in der Moral, in der Kunst, in der Politik –, so gäbe es »keine menschlichen Beziehungen mehr, sondern nur noch mechanische Reaktionen. Das Leben wäre ein Tod im Leben. Divergierende Probleme zwingen sozusagen den Menschen, sich auf eine Ebene oberhalb seiner selbst hinaufzubemühen. Sie verlangen nach Kräften einer höheren Ebene und rufen sie damit hervor. Damit bringen sie Liebe, Schönheit, Güte und Wahrheit in unser Leben. Nur mit Hilfe dieser höheren Kräfte lassen sich die Gegensätze in der Situation des Lebens miteinander vereinbaren.« (E. F. Schuhmacher, S. 88)

Nur wenn wir den Irrtum bejahen, können wir darauf verzichten, den Menschen zu verändern. Wer immer vom idealen Staat und der vollkommenen Gesellschaft träumte, in denen es keinen Irrtum gibt, landete bei der Erziehungsdiktatur. Nur wer in die Unvollkommenheit einwilligt und sie als unaufhebbar begreift, kann auch den Menschen »wie er geht und steht« akzeptieren. Und ein weiterer »Großeingriff« bleibt ihm erspart: Er braucht nicht das *Werdende* vom *Gewordenen* zu scheiden. Wer nicht in eine vorbildlose Zukunft startet, braucht keine Angst vor der nachwirkenden Vergangenheit zu haben. Er braucht sich nicht indigniert von der Vorgeschichte loszusagen, er kann die Härte der drohenden »Entzweiung von Herkunft und Zukunft« (Joachim Ritter, 1974, S. 27) durch eine Fülle fortbestehender Unvollkommenheiten und interimistischer Als-ob-Gewißheiten abfedern. Seine Erfahrung wird seine Erwartungen zügeln: Vergangene Erfahrungen werden ihn auch künftighin begleiten, die »Kluft« zwischen »Erfahrung und Erwartung« (Reinhart Koselleck, 1972, S. 658) wird sich ihm nicht zur unüberbrückbaren Lebenskluft des erfahrungsentblößten Nur-Erwarters erweitern.

»Moralische« Fehlerfreundlichkeit oder Nur das Unvollkommene ist wandelbar

Zur Humanität einer Gesellschaft gehört, daß sie ihre Mitglieder moralisch nicht überfordert. Eine humane Gesellschaft ist auch eine *moralisch* fehlerfreundliche Gesellschaft. Es gibt nicht nur den wissenschaftlichen Irrtum, es gibt nicht nur das technische Versagen, es gibt nicht nur den politischen Mißgriff und die existentielle Fehlentscheidung; es gibt Irrtum und Fehlverhalten auch in den Gefilden der Moral. Wir können nicht nur Erkenntnisziele verfehlen, Ziele des Könnens, des öffentlichen und privaten Wollens, sondern auch solche des Sollens, der Gewissenspflicht, des Anrufs moralischer Vollkommenheit.

Eine Gesellschaft, die überlebensfähig ist, weil »adaptiv«, gestattet nicht nur technische Irrtümer; sie darf auch moralisch die Latte nicht zu hoch legen, d. h. sie muß den Menschen als »unsicheren Kantonisten« in Rechnung stellen. Die vollkommene Gesellschaft ist schon gefährdet, wenn einige abweichen. »Ideale« Gemeinschaften sind stets vom Auseinanderbrechen bedroht, dem Chaos, der Regellosigkeit, der Dissoziation, weil sie nicht fehlerfreundlich sind, d. h. weil sie soziale Abweichung, Interessenbesonderung und Egoismus nicht in eine Konstellation dynamischen Gleichgewichts zu integrieren vermögen. »Ideale« Gemeinschaften sind starre, veränderungsfeindliche Gebilde, die sich aus sich selbst heraus nicht entwickeln. Alles ist im planhaften Vorausgriff »konstruktivistisch« erfaßt, gedeutet und festgelegt. Für Unwägbarkeiten ist kein Raum. Klüger-werden und Dazulernen, Erfahrungen, die zu neuer Einsicht führen und zu entsprechenden Korrekturen des gesellschaftlichen Gesamtgebäudes –, all dies ist in den Idealstaatsentwürfen von Platon bis

Rousseau nicht vorgesehen. Aus gutem Grund: Wird doch das »Ideale« des jeweiligen Entwurfs gerade in seiner Unfehlbarkeit und damit in seiner konstitutionellen Unwandelbarkeit gesehen. Allein die Möglichkeit des Wandels und der Veränderung würde die prästabilierte Harmonie samt der vorausgesetzten »Idealität« dementieren.

Das Vollkommene ist nicht wandelbar; allein das Unvollkommene schwimmt im wechselvollen Strom der Zeit und unterliegt dem Zwang zur Anpassung, zum Versuch und zur Irrtumskorrektur. Nur das Unvollkommene muß lernen.

Demokratie als Irrtumsprävention

Karl W. Deutsch hat einmal »Macht« treffend als Freiheit vom Lernzwang definiert. In der Tat: »Lernen« muß auch in der Politik vor allem das Unvollkommene. Machtvollkommenheit entpflichtet vom Lernen. Macht-haben heißt (auf Dauer allerdings nur scheinbar), nicht dazulernen zu müssen. Demokratie als Staatsform mit den gegliedertsten, differenziertesten und breitestgefächerten Machtteilungsregeln ist zugleich die lern- und irrtumsaktivste Organisationsform des politischen Zusammenlebens, die wir kennen. Demokratie unterscheidet sich von anderen Staatsformen nicht zuletzt dadurch, daß sie mit einem erheblichen Quantum an »Unvollkommenheit«, an Abweichung, Kritik und Ungehorsam leben kann; dies begründet unter anderem ihre fraglose moralische Überlegenheit. Ihren Effektivitätsvorsprung aber verdankt sie ihrer darüber hinausgehenden Fähigkeit, das Potential der Abweichung systematisch zu nutzen. Demokratie braucht den kritischen, wachsamen Geist der Bürger. Was in der Diktatur zur tödlichen Bedrohung wird, ist für die Demokratie lebensspendend: Kritik, Widerspruch, Abweichung, Unbequemlichkeit bis hin zum Ungehorsam. Die Fieberkurve bürgerlicher Unbotmäßigkeit ist für den demokratischen Staat ein unentbehrlicher Signalgeber und ein höchst wirkungsvolles Korrektiv.

Auch der moderne Rechtsstaat kann allerdings den Extremfall eines unauflöslichen Konflikts zwischen Mensch und Bürger, zwischen dem Gewissen des Einzelnen und den Imperativen der Staatsräson nicht ausschließen. Die Demokratie suspendiert nicht unsere Rechte und Pflichten *als Menschen* und sichert sich damit Vielfalt als Lern- und Erfahrungsreservoir. Vor anderen Staatsformen zeichnet sie sich gerade dadurch aus, daß der Mensch vor dem gehorsamspflichtigen Untertanen kommt. Den Konflikt zwischen Mensch und Bürger, zwischen Staatsgehorsam und Gewissenspflicht hebt aber auch die Demokratie nicht auf. Indem sie darauf verzichtet, den »inneren Menschen« zu besetzen, bleibt sie darauf angewiesen, daß der Bürger, wenn er gehorcht, aus eigener Überzeugung gehorcht. Das Mittel der physischen Zwangsgewalt, auf welches auch die Demokratie keineswegs verzichtet, ist keine Rezeptur zur Sicherung von Massenloyalität. Auf Bayonetten sitzt bekanntlich niemand gut – am allerwenigsten jedoch ein demokratisches Regime.

Demokratie schöpft aus beiden Quellen: aus dem Geist des freiwilligen Gehorsams und aus dem Geist der humanen Widersetzlichkeit. Der Einstandspreis, den wir als Demokraten zu zahlen haben, ist nicht die Kapitulation des »Menschen« vor dem »Bürger«.

Zwar begründet die Legalität im Rechtsstaat auch die grundsätzliche Legitimitätsvermutung. Doch geht Legitimität keineswegs vollständig in Legalität auf. Es verbleibt stets ein »Spielraum« für den Irrtum, denn es gibt stets so etwas wie einen aus Legalität nicht herleitbaren »Überschuß«, ein »Mehr« der Legitimität, welches unter anderem darauf zurückzuführen ist, daß der Rechtsstaat die Bedingung der eigenen Relativität, sprich der Vorläufigkeit und Fehlerhaftigkeit der jeweils durch ihn verkörperten positiven Ordnung und damit die Notwendigkeit ihrer beständigen Korrektur und Fortentwicklung, mitbedenkt.

Wer konsequent, aber »mit Augenmaß« (Jürgen Habermas) zivilen Ungehorsam leistet, sucht beide Übel zu vermeiden: Er will Bürger bleiben *und* seinen Pflichten als Mensch genügen. Und eben deshalb verbleibt er innerhalb des Verfassungsrahmens der Demokratie: Er will ja den Gehorsam gegenüber der von ihm bejahten Rechtsordnung nicht aufkündigen; er will aber auch seinem Gewissen keine Gewalt antun. Ziviler Ungehorsam ist Ungehorsam des Bürgers mit der Absicht, Bürger zu bleiben.

In der Demokratie lassen sich Irrtum und Irrtumskorrektur am effektivsten kombinieren. Gehorsam und Ungehorsam, Anpassung und aktive Widersetzlichkeit gehören gleichermaßen zum demokratischen Tugend- und Lasterrepertoire. Hierbei kann die Tugend von gestern leicht zum Laster der Stunde werden und umgekehrt. Ist, wer angesichts lebensbedrohender Entwicklungen schweigt, ein guter Bürger? Ist nicht vielmehr der substanzarme Gehorsam vor solchem Hintergrund der eigentliche Ungehorsam, und erfüllt nicht erst der qualifizierte Ungehorsam die Kriterien übergeordneter Gehorsamspflicht?

Der »große« Gehorsam zur rechtsstaatlichen Ordnung und zum unblutigen Konfliktaustrag kann sich durchaus mit dem »kleinen« Ungehorsam gegen eine eingrenzbare Maßnahme, ein einzelnes Gesetz, eine bestimmte Politik paaren. Ja, der »große« Gehorsam kann, in bestimmten Fällen, den »kleinen« Ungehorsam fast zwingend vorschreiben.

Zum fairen und legalen Meinungskampf gibt es keine Alternative. Aber es gibt Situationen, in denen Fairneß und Legalität leerlaufen, in denen die Beachtung von Rechtsvorschriften über die Legitimität des Handelns wenig besagt und in denen der »kleine«, demonstrative Ungehorsam aus Gründen des »großen« Gehorsams zur Pflicht wird.

Dies eben gehört zu den Vorzügen der Demokratie: daß sie, indem sie die »kleinen Irrtümer« in Gestalt abweichender Minderheiten verkraftet, auch einen gewissen Schutz wider den »großen Irrtum« verspricht.

Maschinenmutant und Computerkomplementär – auf dem Weg zum »technikgerechten Bürger«?

Das »Menschenrecht auf Irrtum« postuliert nicht die Selbstermächtigung zur großen Irrtumskatastrophe. Im Gegenteil: Weil es eben diese zu verhindern trachtet, orientiert es sich an der Welt, wie sie ist, nicht an der, die wir vielleicht gerne hätten; an einer Welt mit unvollkommenen Menschen: Schlampern, Lügnern, Drückebergern, mit extremen Egoisten, Mißgünstigen, mit Unausgeschlafenen, Depressiven, inkompetenten Scharlatanen, Verrückten, Machtbesessenen und vielen anderen.

Zum »Realismus« bei der Beantwortung der Frage, welche Wagnisse der Technik zu verantworten sind und welche nicht, gehört das Bild des Menschen »wie er geht und steht«, mit all

seinen Fehlern und Schwächen. Letztere sind der Preis der Freiheit. Billiger ist sie nicht zu haben. Wer den »Humanfaktor« an
der Computernorm bemißt, muß sagen, daß ihm diese Freiheit,
die eben auch Irrtums- und Versagensfreiheit ist, nicht zählt.

Der kategorische Irrtumsvorbehalt beinhaltet das Recht, in
einer Welt zu leben, in der kein menschlicher Irrtum sich zur nicht
wiedergutzumachenden Katastrophe auswachsen kann; in einer
Welt zu leben, in der nicht alle wie Maschinen-Automaten funktionieren müssen, damit sie funktioniert, in der nicht alles fest-
stellbar sein muß, damit sie feststeht; in der wir notfalls auch mal
schwach sein und versagen dürfen und uns versagen.

Wie wenig wir um diesen Zusammenhang wissen – die Steigerung unserer Adaptivitätschancen durch Irrtumslernen –, zeigt
exemplarisch das gedankenlose Reden von »menschlichem Versagen«. Was wir in Verkennung unserer eigenen biologischen
und psychologischen Ausstattung als »menschliches Versagen«
bezeichnen, ist stets Versagen einer nicht menschengemäßen
Technik, d. h. einer Technik, die den Irrtum nicht honoriert,
sondern bestraft. Dieses Reden zeigt darüber hinaus, wie sehr
wir uns selbst schon im Modell der Maschine sehen und bewerten: der Maschinen-Automat, der uns das »Maß« vorgibt, weil
er absolut kalkulierbar, fehler- und irrtumsfrei funktioniert. An
dieser Meßlatte bemessen, müssen menschliche Fähigkeiten immer minderwertig bleiben. Der (Irr-)Weg zum »Lückenbüßer«,
zum Maschinen- und Computer-Komplementär ist vorgezeich-
net.

Es ist zu vermuten, daß die menschenlose Fabrik weitgehend
störungs- und irrtumsfreie Funktionsabläufe garantiert. Doch ist
sie ein Modell für das Gesamtgebäude unserer Wirklichkeit? Muß
wirklich erst der Mensch mit seinen hoffnungslos antiquierten
physischen und psychischen, ästhetischen und affektiven Bedürfnissen verschwinden, damit die technisch determinierte Welt feh-
ler- und irrtumsfrei funktioniert? Was eigentlich ist »Zweck« und
was das »Bezweckte«?

Es kann nicht schaden, wenn wir dies einmal zu Ende denken:
Das Optimum an Zuverlässigkeit bietet nur die weitere »Autono-
misierung« der Technik, die progressive Abkoppelung vom »Stör-
faktor« Mensch: durch Aussperrung von der Technik und durch
Anpassung an die Technik. Anstatt die Technik für den Menschen

unschädlich zu machen, gehen wir in vielen Fällen genau den umgekehrten Weg: Wir machen den Menschen »unschädlich« für die Technik. In vielen Fällen reagieren wir schon ganz »automatisch«, ohne dies noch eigens wahrzunehmen, mit freiwilliger Selbstaussperrung aus den besonders sensiblen Kernbereichen technischer Prozesse. Das »Optimum« wäre hier unverkennbar die auf höchstem Niveau sich selbst planende, organisierende und regenerierende Technostruktur. Die einzig technikgemäße Welt ist, auf lange Sicht, die menschenlose Welt.

Neben einer Vielzahl ganz alltäglicher Eingriffe in die Lebenswelt, die alle betreffen, erfolgt die Anpassung an die Technik vor allem über die durch Ausbildung, Schulung und systematische Gewöhnung vorbereitete und vorangetriebene »Mutation« eines Teils der Menschen zum »Techniker« mit exakt beschreibbaren Eigenschaften, eigener Sprache und eigenen Vorlieben, einem eigenen Rollen- und Selbstverständnis, einer eigenen »Moral« und einem Weltbild, welches sich deutlich abhebt von jenem der übrigen Gesellschaftsmitglieder.

Der Mensch ist dabei, ein Fremdling zu werden inmitten der eigenen Hervorbringungen, ein geduldeter Sonderling, wo nicht ein ärgerlicher Störenfried, dem die technischen Systeme das Hand- und Denkwerk legen, den sie »ausstoßen« und, auf Zeit vorerst, »unschädlich« machen: umsiedeln und umschulen, unter den Boden schicken und in Schutzanzüge stecken, kontrollieren und dekontaminieren.

Können wir uns eine Technik leisten, die sich den Menschen nicht mehr leisten kann? Den Menschen, der lustlos ist und leidenschaftlich, übermütig und übel gelaunt, der vergißt und versagt? Können wir eine großtechnische Entwicklung fördern, die immer unverblümter den technikgerechten Bürger fordert, den auto- und atomgerechten Zeitgenossen? Großtechnische Systeme, und keineswegs nur diejenigen mit militärischer Zweckbestimmung, sind ihrer Logik nach in höchstem Maße »intolerant«. Sie beschneiden lebbare Alternativen und Gegenentwürfe und zwingen uns, im Großen zielwandlungsunfähig in die »Versteinerung« hineinzuwachsen.

Von der Irrtumschance zum Irrtumsschicksal?

Dies muß uns grundsätzlich skeptisch stimmen gegenüber allen Technologien, welche den Erfahrungserwerb durch »trial and error« verbieten. Es ist kein Zufall, daß sich der erbittertste Widerstand gegen die Überformung mit großtechnologischen Systemen gerade an der zivilen wie der militärischen Nutzung der Kernenergie entzündet.

Irrtümer dürfen nicht zu teuer sein. Nicht nur, wenn nach der ganz großen Irrtumskatastrophe keiner mehr da ist, der klüger werden könnte, auch wenn – ohne Katastrophe – die Irrtumskorrektur zu teuer ist, bleiben Irrtümer folgenirreversibel. Die alles entscheidende Frage in E. M. Forsters Roman »The Machine Stops«, 1912 als Entgegnung auf H. G. Wells Utopien geschrieben, ist die Frage nach den Kosten für die Änderung der sozialen Programmierung jener zentralen Maschine, welche sämtliche Abläufe der Gesellschaft steuert. Es gibt eine Fülle überflüssiger Einrichtungen und Aktivitäten, deren einziger Daseinsgrund die Tatsache ist, daß sie nicht mehr so einfach wegzuerfinden und abzuschaffen sind: Obgleich keiner mehr verreist, existieren die regelmäßigen Flugverbindungen in alle Welt fort. Wem fallen da nicht die Abschlachtprämien und die Zuschüsse für Nicht-Bewirtschaftung ein, welche die EG-Agrarmarkt(un)ordnung hervorgebracht hat, oder, als ein noch drastischeres Beispiel, die Endlager radioaktiv verstrahlten Mülls mit Halbwertzeiten von über zwanzigtausend Jahren, nebst Bewachung- und Wissenstradierungskosten, die heute noch keiner berechnen kann. Sind Irrtümer hinsichtlich ihrer Folgen nicht mehr korrigierbar, wandelt sich die Irrtumschance zum unerbittlichen Irrtumsschicksal.

Der nützliche Irrtum

Wie fatal ein strenger Irrtumsvermeidungszwang sich auf die Innovations- und Zielwandlungsfähigkeit im zivilisatorischen Entwicklungsgang auswirken könnte, wird deutlich, wenn wir uns erinnern, was die Menschheit alles der Irrtumsfähigkeit verdankt: von der Kraft des wärmenden Herdfeuers, bis zur Entdeckung Amerikas, von den geradezu atemberaubenden, einzig im Versuchs- und Irrtumswege gewonnenen Erkenntnissen des neolithischen Gartenbaus, bis zu den Techniken der Haus- und Kriegstierdomestikation im alten Ägypten.

Wer sich auch nur am Rande mit Kulturanthropologie und Technikgeschichte beschäftigt hat, weiß, wie weit und wie steinig etwa der Versuchs- und Irrtumspfad von den im Rohzustand ungenießbaren, hartschaligen, aber stärkehaltigen Körnern zum täglichen Brot war, jenem ungeheuren Freiheitsbringer, der dem archaischen Menschen eine bis dahin gänzlich unbekannte Sicherheit der Nahrungsversorgung garantierte und damit die Voraussetzung für eine schier unübersehbare Fülle technischer und kultureller Folgeimpulse schuf. Was für die Entdeckung des Penicillins gilt, gilt, mutatis mutandis, auch schon für die Entdeckung der beruhigenden Wirkung der Schlangenwurzel (Reserpin) durch »primitive« Indianer: Hier wie dort verdanken sich die entscheidenden Erkenntnisse der Produktivkraft von Zufall und Irrtum in der Kombination mit einem experimentellen Geist, der sich in der Freiheit des »spielerischen« Erprobens und Ausprobierens ausdrückt. Wer etwa Hesiods »Arbeiten und Tage« zur Hand nimmt, wird feststellen, wie sich in der vorwissenschaftlichen Überlieferung: in Volksweisheiten und magischen Sinnsprüchen, Irrtümer mit frühen Einsichten in kausale Zusammenhänge auf's Innigste vermischen. Mythische und rationale Welterklärung existieren nicht einfach nebeneinander, sondern durchdringen und ergänzen sich vielfältig, ja, vielleicht kann man soweit gehen zu sagen, daß das Mythische und das Religiös-Ästhetische gerade jenen experimentell-suggestiven Kulturkontext stiften, der auch das technische Irrtumslernen ermuntert. An vielen entscheidenden Einschnitten technischen Prozeßprogresses zeigt sich: Nicht der Entwicklungsfortschritt der Produktivkräfte selbst ist das Paradigma der Gesamtentwicklung; fast immer fungieren Geist und Kunst als Wegbereiter der Nützlichkeit, theoretische Neugier und spielerisch-antizipatorische Weltbildveränderung gehen fast immer als Schrittmacher der Werkzeugherstellung und der technischen Neuerung voran.

Unverzichtbarkeit von Spekulation

Für die anhaltende Unverzichtbarkeit disziplinierter Spekulation auch in der technisch überdeterminierten Welt könnte die aktuelle Hausse zumal der »seriösen« Science Fiction sprechen. Science Fiction ist unverkennbar ein Kompensationsphänomen (wie, durchaus vergleichbar, die Technologiefolgenabschätzungskommission des Deutschen Bundestages): Sie kompensiert den Erfahrungsverlust und die Borniertheit unserer Vorstellungskraft in imaginativen Denkausbrüchen und literarischen Ersatzabenteuern, in denen sie spielerisch andere Welten ausprobiert.

War der Mensch nicht immer dort am erfolgreichsten, wo er »ohne Rücksicht auf Verluste« ausprobieren durfte, sich irren, sich korrigieren und wieder sich irren? Und wo konnte er mehr ausprobieren und verwerfen, ungestrafter sich irren und dazulernen als in den selbstgeschaffenen »Miniaturwelten« des Mythos und der Kunst, der Religion und der Philosophie, in Sprache und Stein, in Bildern und Gedankenbildern? Merkwürdig, wie wenig Anthropologen und Kulturphilosophen sich in ihren geläufigen Interpretationen durch die offen zutageliegende Beobachtung irritieren lassen, daß die Menschen am Beginn der (technischen) Zivilisation vor etwa fünftausend Jahren zwar bereits über eine semantisch reiche und grammatikalisch komplexe Sprache, jedoch erst über vergleichsweise primitive Werkzeuge und Techniken verfügten.

Gibt es einen Fortschritt von den paläolithischen Höhlenmalern von Altamira zu Joseph Beuys, von den Kykladen-Künstlern zu Picasso und Brancusi? Gibt es einen Fortschritt in der Kunst und im Denken? Gibt es einen Fortschritt von Homer zu Thomas Mann oder Gabriel García Márquez? Gibt es einen Fortschritt von Sokrates und den Vorsokratikern zu – beispielsweise – Sartre und Heidegger?

Die ungeheuren Fortschritte in den exakten Wissenschaften und in der technischen Naturbeherrschung sind evident. Wie aber steht es um den humanen Fortschritt, den geistigen Fortschritt, den Fortschritt in der Philosophie, der Kunst und der Sprache während der letzten fünftausend Jahre?

Gibt es zwischen dem »Geist von Helsinki« und dem »Geist der Bergpredigt«, zwischen dem Dekalog und den Menschenrechts-

charten ein Human- oder Dignitätsgefälle zugunsten der Nachgeborenen?

Dies sind rhetorische Fragen – Fragen in der Mogelpackung
falscher Fragezeichen; Fragen, hinter denen die Verwunderung
steht, weshalb wir über unsere vielen fragwürdigen Fortschritte so
wenig im Zweifel sind. Vielleicht wäre es nach Tschernobyl an der
Zeit, die berühmte Preisfrage der Akademie von Dijon – ob die
Fortschritte in Kunst und Wissenschaft zur Besserung oder zur
Verschlechterung des Menschengeschlechts beigetragen haben,
mit deren Beantwortung Rousseau einst über Nacht zum literarischen Weltstar seiner Epoche avancierte, erneut auszuloben. Eine
Neuauflage der »Querelles«, eine Neuauflage des alten Streits am
Beginn der Aufklärung, ob die (damalige) literarische Avant-
garde den antiken Autoren überlegen sei oder nicht, könnte neues
Licht auf das besorgniserregende Auseinanderdriften der humanen und der technischen Kultur heute werfen.

Humanfortschritt als Episode?

Der Fortschritt von obrigkeitsstaatlicher Willkürherrschaft zum
Rechts- und Verfassungsstaat, die Verankerung unverbrüchlicher
Grund- und Menschenrechte, die Gewährleistung von demokratischen Teilhabe-, Mitwirkungs- und Kontrollrechten, die Entwicklung zum Sozial- und Daseinsvorsorgestaat – all dies scheint
die Deutung der Entwicklung im Sinne einer Höherentwicklung
fraglos zu rechtfertigen. Es könnte aber sein, daß wir auch hier
von Illusionen Abschied nehmen müssen, mindestens aber, daß
auch diese Bilanz »doppelt« gelesen werden muß: Die Erfahrung,
daß der Fortschrittsprozeß im Großen in ein ehernes Gehäuse
technologischer Hörigkeit mündet, zwingt uns, neu zu bilanzieren
und zu bewerten. Wenn wir auf einen – absehbaren – Punkt der
Entwicklung zusteuern, ab dem der Mensch im technischen Universum nur noch störend wirkt, nur noch für Fehler, Irritationen
und Unvollkommenheiten verantwortlich ist, aber eigentlich gar
nicht mehr gebraucht wird, wenn also der Mensch ein störender
Fremdling wird inmitten der eigenen Hervorbringungen, hoffnungslos antiquiert, unfähig zu deuten und zu begreifen, was er
geschaffen, dann müssen wir auch die Episoden jenes Teils der

Fortschrittsgeschichte, der bisher über jeden Zweifel erhaben schien, neu schreiben: die Episoden des Humanfortschritts. Wenn der technologische Prozeßprogreß den Menschen als ungezähmtes und unberechenbares Subjekt eigener Tathandlungen nicht mehr »erträgt«, weil er als solches die langfristig organisierten Massenvorgänge, ja die Technostruktur selbst gefährdet, so müssen uns auch bei allen anderen diese Verbannung flankierenden Fortschritten die Ohren klingeln: Dienen nicht auch die hehren Menschenrechte letztlich dazu, unsere Unberechenbarkeit zu vermindern, unsere Spontaneität einzudämmen und unser Verhalten regelhafter zu machen? Die Prozesse der Zivilisierung und der Verrechtlichung sind ja vor allem Disziplinierungsvorgänge. Gewiß sind die leid- und gewaltmindernden Effekte dieser »Humanerrungenschaften« im einzelnen nicht zu bezweifeln. Doch ist es legitim, nach dem strategischen Meistbegünstigungseffekt zu fragen. Und hier sind mindestens Zweifel angebracht, ob »der Mensch« und »spezifisch menschliche« (also zunächst: nicht-technische) Zwecke: Liebe, Glück, Geborgenheit, Zufriedenheit, Gesprächs- und Kontaktfähigkeit, Solidarität, Erkennen und Erkannt-Werden, Dabeisein und Begreifen, Spielen und Verweilen, ob solche und ähnliche Zwecke durch das, was der Fortschrittsprozeß der letzten Jahrhunderte gebracht und genommen hat, wirklich vor allem anderen befördert worden sind. Welcher Fortschritt hat wohl die imponierendere Leistungsbilanz vorzuweisen – der Fortschritt der humanen Zwecke oder der Fortschritt der technischen Mittel? Ist der Mensch im selben Maße »besser« geworden: moralisch kundiger, sensibler und differenzierter, wie seine Werkzeuge »besser«: präziser, effektiver und vielfältiger geworden sind? Wer ist der Hauptgewinner? Wer profitiert am meisten von den Rationalisierungsleistungen der letzten zweihundert Jahre, vom »Vernünftigwerden« der Welt – Mensch oder Maschine?

Angesichts einer Entwicklung, welche die technischen Großstrukturen zu Mächten eigenen Rechts erhebt und den Menschen als Subjekt seiner Handlungen immer ungewisser erscheinen läßt, ist es da übertrieben zu befürchten, daß wir dem technikgemäßen Menschen näher sind als der menschengemäßen Technik?

Nahezu nirgends ist es gelungen, menschengemäße und naturverträgliche Technik mit einiger Selbstverständlichkeit und unaufgeregt normal zu entwickeln, wie das der Fall sein könnte, wenn der Mensch, der vielbeschworene, wirklich so selbstverständlich »im Mittelpunkt« stünde. Wir waren wirkungspolitisch dort am erfolgreichsten wo wir ganz bewußt von menschlichen Zwecken und tradierten Erfahrungen abgerückt sind – in der Wissenschaft und in der Anwendung ihrer Erkenntnisse in der Technik.

Wider den Mythos der Lösung

Daß wir über mehr präziser Bescheid wissen, heißt jedoch nicht, daß wir uns in der Welt besser zurechtfinden. Die Allgegenwart von »Daten« zu jedem denkbaren Problem erleichtert nicht unbedingt die Realitätswahrnehmung. Daten dienen oft mehr der Befestigung unserer Fiktionen von Gewißheit und Eindeutigkeit, als daß sie unsere Wahrnehmung eindeutiger und gewisser machen. Kaum jemand unter den Datenbenutzern ist in der Lage, den Realitätsgehalt von Daten wirklich zu beurteilen. So »verwischt sich der Unterschied zwischen Realitätswahrnehmung und Fiktion«. Beide nehmen den »Charakter des Halbfiktiven« an und tendieren zur Konvergenz. »Darum ist es gegenwärtig so leicht, wirkliche Schrecklichkeiten zu ignorieren und von fiktiven Posivitäten überzeugt zu sein, und fast noch leichter, fiktive Schrecklichkeiten zu glauben und für wirklich Positives blind zu werden, also: was in den Kram paßt zu akzeptieren und was nicht in den Kram paßt zu verdrängen.« (Odo Marquard, 1986, S. 86)

Der brisanteste Aspekt dieser »Datenlage« aber ist die Verwischung der Differenz von Lösung und Entscheidung: Wo gezählt und gerechnet wird, gibt es anscheinend immer auch eine *Lösung*. Nicht so jedoch im Leben und in der Politik. Politische Probleme und praktische Fragen sind gerade dadurch definiert, daß sie nicht lösbar sind. Gib A, ohne B zu nehmen – dies ist eine typische Problemstellung des Lebens wie der Politik. Was für den Mathematiker eine unsinnige (weil prinzipiell unlösbare) Aufgabe darstellt, ist das tägliche Brot von Eltern und von Politikern; wo die Möglichkeiten des rechnenden Lösungsspezialisten erschöpft sind, fängt das Pensum der »Praxis« und der Politik gerade erst an. Beide haben das Unvereinbare zu vereinbaren, das Unmögliche möglich zu machen. Das hat aber mit »Lösung« von der Struktur der mathematischen Lösung nicht das mindeste zu tun. In der Politik werden Probleme so gut wie nie dadurch gelöst, daß man das alle gleichermaßen überzeugende »Richtige« findet und ausführt, sondern meist dadurch, daß man Probleme so lange aushaltbar macht, bis sie durch neue, noch drängendere Probleme »verdrängt« sind. Politische Probleme werden nicht *gelöst*, sondern *abgelöst*. Der Mythos der Lösung ist der Politik fremd und unangemessen – genauso wie dem Leben.

Gäbe es die glatte Lösung, dann wäre der Irrtum ein zu meidendes Übel. Er würde die Geometrie sozialer Vollkommenheit verunzieren. Begreift man Politik und Leben als Maßnahmefelder anhaltender Unzulänglichkeit, wird man sich auch mit der Findekunst des nützlichen Irrtums befreunden.

IV. Wissenschaft und gefährdete Welt: Das »System« des Irrtumsvermeidungszwangs

Die risikoscheue Wissenschaft als Risiko*

Am Beginn des Irrweges monströser technologischer Irrtumsvermeidungszwänge steht eine Denkwende in der europäischen Philosophie, welche den Irrtum zum Hauptfeind erklärt: Nur das mit Gewißheit *Wißbare* darf sich zum *Wissenswerten* rechnen. Die Gelegenheit zum Irrtum innerhalb des wissenschaftlichen Aussagezusammenhangs wird durch Frage- und Denkverbote methodisch begrenzt: Die Wissenschaft konzentriert sich auf den Erwerb eines Wissens, das so gewiß und unbezweifelbar ist wie Mathematik und Geometrie. Die neuzeitliche Wissenschaft errang ihre beispiellosen Triumphe um den Preis ihrer Borniertheit. Sie konnte gar nicht »scheitern«, weil sie sich mit dem Risiko des Scheiterns gar nicht engagierte. Die »scientia triumphans« zeigt sich am Ende als substanzarmes Showgewerbe: Als sei das gewiß Gewußte schon die ganze Wahrheit!

Hinter einer ganzen Reihe krisenhafter Zuspitzungen der Gegenwart wirkt dieser sich fortzeugende Imperialismus einer partiellen Erkenntnis, die sich als Teilwissen nicht mehr weiß. Der moderne Prozeß der Erkenntnisgewinnung und -vermehrung orientiert sich an der Vorstellung, es sei besser, über weniges viel oder gar alles ganz genau zu wissen als über das Ganze wenig und Ungenaues. Für den mittelalterlichen Scholastiker Thomas von Aquin war »das Geringste, was man an Erkenntnis der höheren Dinge haben kann, erstrebenswerter als die gewisseste Erkenntnis, die man von den geringsten Dingen hat«. Dies eben, was eine solche Forderung plausibel macht, fehlt heute gänzlich: Wir ver-

---

* Zu meiner Arbeitsweise gehört, daß ich häufig den Gedanken, mit dem eine Publikation ausklingt, in der anschließenden Arbeit aufgreife und vertiefe. So kreist auch »Das Menschenrecht auf Irrtum« um einen Gedanken, mit dem mein ebenfalls in diesem Jahr erschienenes Buch »Sein oder Design. Zur Dialektik der Abklärung« (Rotbuchverlag, Berlin) endet. Im Folgenden und an zwei weiteren Stellen des vorliegenden Buches gibt es Überschneidungen bzw. werden kürzere Textpassagen übernommen (vgl. S. 117 ff. und S. 158 ff.).

fügen über keine anerkannte Hierarchie des Wissens- und Erkennenswerten. Aus dieser Not der Urteilsschwäche machen wir die Tugend der vornehmen Selbstbescheidung: In dubio gilt das Prinzip des Ausklammerns; wenn Antworten nur möglich sind um den Preis eines reduzierten Gewißheitsanspruchs, dann erklärt sich die Wissenschaft lieber für unzuständig. Fiat scientia, pereat mundus! Man muß aus heutiger Sicht den »Siegeszug der Wissenschaft« wohl eher als Kapitulation vor der Komplexität der Wirklichkeit beschreiben. Wenn wir nach einem Paradigma suchen, in welchem sich Hoffnung und Angst, Pathos und Pathologie unserer übersicherungskranken Welt verdichten, – wo stünde es uns wohl unverhüllter vor Augen als in Gestalt des methodenpuristischen Rückzugs aus den streitexponierten Zonen der Erkenntnis?

Wenn wir das Wissenswerte strikt auf das Wißbare beschränken, so steht hinter dieser Begrenzung die Petitio principii, als könne irgend jemand genau angeben, was wir jetzt oder künftig nötig hätten und deshalb wissen müßten und was nicht. Gerade diese Frage aber nach dem dem Menschen jetzt und künftig Nötigen oder Gemäßen läßt sich aus dem Horizont strengen Wissens nicht beantworten. Sie ist aufs engste verknüpft mit der Frage, wie wir leben und zusammenleben wollen – also mit einer spezifisch »außerwissenschaftlichen« Frage. Wenn die Wissenschaft sich Fragen verweigert, die man nicht mit letzter Gewißheit beantworten kann, so ist eine solche Abstinenz natürlich auch »Antwort«, Urteil und Parteinahme: Ohne den Anspruch zu wissen, daß eine bestimmte Form von »gesichertem« Wissen anderen Wissensformen minderen Gewißheitsgrades überlegen ist, wären methodologische Diskriminierungen ebenso sinnlos wie willkürlich. Das Zusammenspiel zwischen einer katastrophennah operierenden Großtechnologie und einer risikoscheuen Wissenschaft ist ebenso fatal wie offensichtlich. Die Risikoscheu der Wissenschaft selbst wird zum unerträglichen Risiko.

Wissen und Vorauswissen oder
Die geistigen Halbwertzeiten der Wahrheit

In einer Situation, in welcher für die Mehrheit der Bevölkerung wohl eher gelten dürfte, daß sie nicht mehr mit festen, biographisch unverrückbaren Wertbindungen lebt, daß sie über ein konsistentes Meinungsprofil und verläßliche Kriterien für politisches Urteilen und privates Entscheiden nicht mehr fraglos verfügt, in einer Situation des allgemeinen *Erfahrungsschwunds* (Hannah Arendt) und der damit einhergehenden *Orientierungsbedürftigkeit* entwickeln wert- und absichtsfreie Forschungsergebnisse ein problematisches »Eigenleben«. Wenn man Gut und Böse, Nützlich und Schädlich, Schön und Häßlich nicht mehr eindeutig unterscheiden kann, ist die Versuchung groß, sich an das zu halten, was gerade »ist« und »gilt«. Der psychologische Kurzschluß vom *Sein* aufs *Sollen* liegt vor allem deshalb nahe, weil sich diese Form der Selbstversicherung im scheinbar neutralen Medium der »größeren Zahl« vollzieht.

Nicht für das von ihr ermittelte Positive ist die empirische Sozialforschung »verantwortlich« – sofern sie korrekt gezählt hat –, sondern für die implizite *Positivierung des Positiven*, für die scheinbare Unangreifbarkeit und Alternativlosigkeit des Bestehenden als Folge wissenschaftlicher Reflexionsverweigerung: Das *Gegebene* wird zum *Aufgegebenen*, der religiöse und metaphysische *Sollenskonformismus* von gestern verwandelt sich in den *Seinskonformismus* der nachaufklärerischen Wissenschaft. Man spricht von diesem in Wahrheit hochdramatischen Vorgang euphemistisch als von der »normativen Kraft des Faktischen«.

Die reflexive Leistung der Wissenschaft ist um so unverzichtbarer, je geringer die gesellschaftlichen Kapazitäten zur Selbstreflexion und zur normativen Selbststeuerung eingeschätzt werden müssen. Wie ich nur *entscheiden* kann inmitten von *Vorentschiedenem*, so kann ich nur *urteilen* inmitten von *Vorurteilen*. Das wissenschaftsnotorische *Vorurteil wider das Vorurteil* verkennt diesen Zusammenhang.

Da der Bedarf an *Wandlungsbewältigungsphilosophie* nie so groß war, wie er heute ist, gehört auch »Sinnerzeugung« als kontinuierlicher und kollektiver, soll heißen: bewußt veranlaßter und institutionell geförderter Handlungsvorgang zu den elementaren Daseinsvorsorgepflichten der Gesellschaft. Die Wissenschaften, insbesondere die Sozialwissenschaften dürfen nicht länger abseits stehen. Die Mitwirkung an Pflege, Fortentwicklung und »Erzeugung« von sozialen Sinnbeständen ist eine sozialwissenschaftliche Dienstleistung par excellence. Sie ist, wo die Wissenschaft versagt, weil die Wissenschaftler sich versagen, nicht nur anderweitig nicht kompensierbar, schlimmer: Ihr Verlust ist ein unfreiwilliger Beitrag gerade der tatsachenorientierten empirischen Wissenschaft zur *Verwillkürlichung des Wirklichen*, zur Vermehrung der *sozialen* und *kulturellen* Entropie.

Faktenerkenntnisse machen überhaupt nur Sinn, wenn sie im Rahmen sozialer und kultureller Leitbilder *zurechenbar* sind. Ohne die Symbiose mit gesellschaftlichen Werten und Zielvorstellungen bleiben sie ortlos: geistig und sozial nicht zu verorten. Ob eine noch so exakte Geschwindigkeitsangabe von 52,7 km/h schnell oder langsam ist, hängt vom Ort des Geschehens ab: Was in der vielbegangenen Fußgängerzone mörderische Raserei ist, grenzt auf dem Hochgeschwindigkeitskurs von Indianapolis an unerlaubtes Parken.

Wenn aber hier schon der »Kontext« das für die Aussagekraft eines Faktums alles entscheidende Kriterium ist, um wieviel mehr gilt dies für den Bereich sozialer Tatsachen oder ethisch relevanter Handlungen! Die empirischen Wissenschaften überlassen das »soziale Verorten« ganz überwiegend dem »freien Spiel der Kräfte«, d. h. den naturwüchsigen sozialen Anverwandlungsprozessen.

Werte und Normen sind die Längen- und Breitengrade, über die wir unseren Ort im Mare magnum möglicher Moralstandpunkte definieren. Sie leisten ein Dreifaches. Sie ermöglichen erstens *Selbstverständigung*: Wo bin *ich*? Von wo nach wo bewege *ich* mich?; zweitens *Kommunikation*: Wo bist *Du*? Was müssen *wir* tun, um uns zu *treffen* oder um eine drohende Kollision zu *vermeiden*?; drittens *kollektives Handeln*: Wohin soll die *gemeinsame* Reise gehen?

Wenn unstrittig ist, daß wissenschaftliche Tatsachenaussagen ihren Sinn und ihre Bedeutung erst vor einem – wie immer wandelbaren – Zeithorizont des *meinungsmäßig Gefügten* und des *wertmäßig Vorentschiedenen* finden, und wenn ebenso unstrittig ist, daß wir in Zeiten des Umbruchs leben, in denen gerade jene entlastenden *kulturellen Selbstverständlichkeiten* brüchig und flüchtig werden, aus denen wir normalerweise die Kriterien für angemessenes Handeln und Urteilen gewinnen, – so ist, mehr noch als zur »Normalzeit«, die Wissenschaft aufgerufen, an der Hervorbringung jener *»Vorentschiedenheiten«* mitzuwirken, die ihren Aussagen erst die Dimension des sozialen Raumes erschließen. Machen sich die Sozialwissenschaften die Pflege der gesellschaftlichen Wahrnehmungsfähigkeit nicht zum eigenen Anliegen, so bringen sie sich langfristig selbst ums gesellschaftliche Gehör; nur ein engagiertes und meinungsmäßig profiliertes Publikum garantiert Aufmerksamkeit.

Angesichts der immer kürzeren »geistigen Halbwertzeiten« unserer »Wahrheiten« (nebst der jeweils zugehörigen »gültigen« Wirklichkeiten) wird es immer bedeutsamer, die eigene aktive Rolle beim Zustandekommen der jeweiligen »Wahrheit« und »Wirklichkeit« mitzubedenken und die hierin beschlossenen Chancen und Risiken zu wägen.

Ist die Wahrheit als ewig-gültige erstmal entthront, haben wir sie erstmal vom Piedestal des Überzeitlichen gestoßen und in die Niederungen der prozeßhaften Ereignisse überführt, so nehmen wir auch immer deutlicher wahr, daß sie nicht einfach *ist* oder bloß *geschieht*, sondern daß sie zu *machen* ist, daß sie gemacht *wird* und *wie* sie gemacht wird.

Vor dem Hintergrund dieser ganz allgemeinen Überlegungen gewinnen *kontrafaktische*: wirklichkeits*offensive* und stimmungs-*konträre* Strategien ihre Plausibilität. Wer mit dem Offensiv-Slogan »Ich rauche gern« werben läßt, wartet eben gerade nicht, bis der im Zeichen ökologischer Sensibilität zeitweilig erschlaffte »Genosse Trend« ihm wieder zur Seite tritt. Er »erfindet« und »modelliert« sich die Wirklichkeit, die zu seinem Produkt paßt in ähnlicher Weise, wie etwa Günther Wallraff zu seinen Büchern das jeweilige »Wirklichkeitsszenario« gleich mitliefert.

Es ist nur *ein* Aspekt, wenn wir feststellen, daß unsere Wahrheiten immer kürzere Verfallsdaten tragen; wir müssen hinzufügen, daß auch die Wiederaufbereitungsfristen immer kürzer werden. Das Gestrige ist nicht einfach aus und vorbei. Das Gestern ist das Heute des Morgen, jedoch weniger nach dem Motto: »Delektiert Euch am Streß von heute – er wird die ›gute alte Zeit‹ von morgen sein!« – sondern eher wohl im Sinne der »wörtlichen Reprise«.

Die erhöhte Umschlagsgeschwindigkeit im Bereich der Werte und Normen, der Einstellungen und Verhaltensorientierungen, der Moden und Geschmacksdispositionen, wird dort zum Problem, wo Vorhaben mit einem Vorlauf von einem Jahrzehnt und länger geplant und entschieden werden müssen. Hier wird es bedeutsam, den Wandel selbst zu (be-)denken, und am »Wandel des Wandels« aktiv zu partizipieren.

Die Akzeleration des Wandels läßt vermuten, daß »das Neue« stets schon da ist, lange bevor es zur flächendeckenden Evidenz auf der Grundlage des statistischen Erheblichkeitsmerkmals gelangt. Die Erfahrung, daß es für affirmative Trendnutzungsstrategien wie für intentionale Gegenstrategien meist zu spät ist, wenn »das Neue« bereits in den Alltag diffundiert, – diese Erfahrung vor allem spricht für eine zeitdiagnostisch engagierte Wissenschaft, die »nichts anderes (ist) als äußerst kritischer, stark verfremdeter ›common sense‹« (Gunnar Myrdal).

»Ars longa vita brevis« oder Die Bedeutung des ungefähren Wissens

Bei den meisten Fragen und Problemen, die mit Handlungs- und Entscheidungssituationen verbunden sind, genügt ein ungefähres Wissen; und zwar nicht nur, weil ein ganz exaktes aufgrund der Vielzahl wirksamer Kontingenzen und arbiträrer Elemente sowieso nicht zu haben ist, sondern vor allem auch, weil Handeln und Entscheiden, anders als das menschheitsgeschichtliche Großunternehmen Wissenschaft, immer unter der einschränkenden Bedingung der »vita brevis« stattfindet: Ars longa vita brevis; Kunst und Wissenschaft haben einen langen Atem, sie kommen »nie« zum förmlichen Abschluß; das Leben aber, an welches Handeln und Entscheiden gebunden sind, endet bekanntlich mit dem Tod.

Auch alle politischen Bemühungen unterliegen Gesetzmäßigkeiten der Vita brevis, d. h. sie haben es mit Entscheidungszwängen angesichts zunehmend knapper Zeitressourcen zu tun. Die »Wahrheit« dagegen braucht länger; sie ist, genau besehen, ein für immer unvollendetes Projekt, welchem allerdings zugute kommt, daß auch Zwerge weitersehen, wenn sie sich nur immer wieder auf die Schultern von Riesen stellen. Kritik und Urteilskraft sind im wachsenden Maße Hervorbringungen, welche die Kraft des einzelnen übersteigen, welche zunehmend der auf Dauer gestellten, institutionalisierten Kraftanstrengung bedürfen. Seit der Entfesselung der Kraft des Atoms existieren wir in einem irreversiblen

Zustand allgemeiner Selbst- und Weltbedrohung. Und wenn es richtig ist, daß wir damit vor der größten Herausforderung stehen, welche dem Menschen je *aus eigenem Tun* erwachsen ist (Hans Jonas), dann muß dies inhaltliche, methodische und wissenschaftsorganisatorische Konsequenzen haben.

Zunächst folgte hieraus die Pflicht einer jeden Wissenschaft, dazu beizutragen, daß wir diese Herausforderung begreifen und benennen lernen; sodann käme es darauf an, Wissenschaft und Politik enger zu synchronisieren und effektiver aufeinander zu beziehen. Eine wichtige Voraussetzung dafür ist, daß Politiker auch verstehen können, was Wissenschaftler zu sagen haben. Und schließlich ginge es darum, wissenschaftliche Erkenntnis so zu organisieren, daß sie nichts übersieht. Das aber gelingt am besten, wenn die Argumente pro und contra gleichzeitig, im direkten Gegenüber und auf dem jeweils höchstmöglichen Niveau erörtert werden. Vieles spricht etwa für die gezielte Förderung antithetisch sich ergänzender Projektkonstellationen (Gutachter-Schlechtachterkonstellationen): neben der Steigerung der Problemerörterungskapazitäten vor allem auch erkenntnis- und urteilspragmatische Gründe auf seiten derer, die mit den erarbeiteten Erkenntnissen etwas anfangen sollen.

Reflexion auf Vorrat

Die Welt verändert sich tiefgreifender, als es je zuvor in der Menschheitsgeschichte – mindestens seit der Jungsteinzeit – der Fall war; vor allem aber, diesem *Wandlungsschub* entspricht ein historisch beispielloser *Beschleunigungsschub*, welcher Wissen und Erfahrung schon in einem Bruchteil der biologischen Lebenszeit des Menschen veralten läßt. Je schneller und einschneidender die Veränderungen, die auf uns einwirken, um so größer unser Bedarf an sozialwissenschaftlicher *»Reflexion auf Vorrat«*.

Das Wißbare und das Wissenswerte

Der »Reduktionismus« im Namen wissenschaftlicher Objektivität ist eine der »Maske(n), hinter (denen) sich heute der Nihilismus verbirgt» (Viktor E. Frankl, 1970, S. 376). Das Wissensprogramm der Moderne ist nicht darauf gerichtet, unseren Vorrat an lebensleitendem Existenzwissen zu vergrößern. Die Landkarte unserer wissenschaftlichen Gewißheiten läßt uns in den Gefilden der Lebenskunst im Stich. Der Beitrag der Wissenschaften zur *existentiellen* Lebensbewältigung der Menschen ist ein geringer. Die Diskussionen um Postmaterialismus und Wertwandel haben vor allem eines gezeigt: wie sehr wir in unserer Lebensorientierung aus *vor*modernen Restbeständen schöpfen. Wo immer von »neuen Werten« die Rede ist, sind es die ganz alten, die wieder zu Ehren gelangen: Liebe, Heimat, Solidarität, Einfachheit, Überschaubarkeit, Persönlichkeit, Natürlichkeit, Kreativität. Wir leben von den Düften einer auf den Grund geleerten Flasche (Wilhelm Hennis).

Die Wissenschaften, die Gesicht und Getriebe unserer Welt revolutioniert haben, waren erfolgreich und haben zugleich versagt. Sie haben Probleme gelöst und Probleme geschaffen. Das Resultat ist: Die Bereitschaft, an die Wissenschaft zu »glauben« und »ihr zu geben, was man früher der Kirche gab« (Nietzsche), weicht verbreiteter Skepsis. Was nützt es dem einzelnen, daß die Menschheit »noch nie so viel wußte wie heute«, wenn er selbst nicht mehr imstande ist, dieses unstrukturierte Vielwissen für sich fruchtbar zu machen? Die Probleme, welche beim Transfer von Information und Wissen in praktische Anwendung entstehen, sind fast ausnahmslos »Schnittstellenprobleme«, Probleme der Verknüpfung und Verortung von Partialerkenntnissen unterschiedlicher Herkunft.

Was nützt eine Vielzahl von Einzelerkenntnissen aus allen möglichen Bereichen der Wissenschaft, wenn diese Erkenntnisse hermetisch bleiben, gegeneinander verschlossen, füreinander unfruchtbar, weil unzugänglich? Für die Folgen seiner Arbeit als Wissenschaftler verantwortlich zu sein, bedeutet unter solchen Bedingungen immer mehr, zunächst dafür zu sorgen, daß wissenschaftliche Arbeit überhaupt Folgen haben kann.

Die künftige Bedeutung der Sozial- und Geisteswissenschaften hängt entscheidend davon ab, ob es gelingt, die *synoptische Re-Integration* ihrer Einzelerkenntnisse plausibel und effektiv zu organisieren. Eine ihrer vordringlichen Aufgaben wäre die – mindestens andeutungsweise – Rekonstruktion der Wirklichkeit *als ganzer*; wären die Defragmentarisierung und das Zusammendenken des Heterogenen. »Stückwerkstechnologen«, die die Welt erkenntnismethodisch atomisieren, gibt es genug; es gibt zuwenig »Zusammenhangswissenschaftler«, die imstande sind, Einzelerkenntnisse aggregativ zusammenzuführen.

Die ungeheure Wissensvermehrung der letzten Jahrzehnte hat uns in den meisten der von einzelnen wie von der Gemeinschaft zu entscheidenden Fragen nicht kundiger und urteilssicherer gemacht. Das »Gewißheitswissen« dient der Beherrschung von Sachen; zur Gestaltung von Lebenssituationen hilft es wenig.

Der mit den Methoden strenger Wissenschaftlichkeit vorgetragene »Krieg gegen den Irrtum« ist in Wahrheit ein Ausrottungsfeldzug, in welchem systematisch die Spuren des Lebendigen im Felde des Wissens getilgt werden. In der Vermehrung unserer Wissensbestände errichten wir eine monströse Bibliothek, die nur noch das abstrakte Prinzip ihrer Ordnungssystematik bedient, aber keinen Benutzer duldet. Nur »totes« Wissen ist über Zweifel erhaben. Wo wir die Gefahren des Irrtums gleich ein für alle mal verbannen möchten, mindern wir in Wahrheit nur die Chancen des Lebens. Die methodische Verengung unseres Wissens verringert das Irrtumsrisiko in der Sache: Wir dürfen uns des Gewissen gewisser sein. Doch sie beschwört ein ganz anderes Risiko: das Risiko, das eigentlich Wissens*werte* und Wissens*notwendige* in der Konzentration auf das mit Gewißheit Wiß*bare* zu verfehlen. Was nützt es uns, über Unerhebliches exakt informiert zu sein, über immer Geringeres immer Genaueres zu wissen, wenn uns darob der Maßstab dafür verlorengeht, wie die Dinge im Ganzen zusammengehören, was wichtig ist und was belanglos, was vordringlich, nützlich und notwendig ist, und was demgegenüber warten kann, was schädlich ist und überflüssig. Wir könnten am Ende, mit Wissen hochgerüstet, buchstäblich mit leeren Händen dastehen, ratlos und ohnmächtig vor den Herausforderungen, mit denen uns das Leben begegnet. Der Weg des Wissenserwerbs, bei dem wir über immer weniger immer mehr lernen, bis wir am Ende das Ganze über ein Nichts und nichts mehr vom Ganzen wissen, – dieser Weg ist der eigentliche Irrtumspfad; er käme jenem »Irrtumsgau« gleich, den es um den (Risiko-)Preis der vielen kleinen Irrtümer zu vermeiden gilt: Irrtümer einer Dimension, die uns nicht gefährden und bedrohen, sondern beständig und sicher voranbringen.

Die szientifische Irrtumsvermeidungsstrategie ist höchst risiko-trächtig. Um dem Risiko des Irrtums in der wissenschaftlichen Aussagedimension zu entgehen, »riskiert« sie das ungleich folgen-schwerere Irrtums-Risiko in der Existenzdimension. Was helfen richtige Antworten auf die falschen, weil vergleichsweise bedeu-tungslosen Fragen? Der Mut, die richtigen – weil wichtigen – Fragen zu stellen, muß stets mit dem Risiko des Irrtums bei den »Antworten« bezahlt werden. Wer sich unter Risikobedingungen des Irrtums auf die Fragen der Existenz einläßt, wird unvermeid-lich Irrtümer begehen. Doch die Wahrscheinlichkeit, daß er im Maßstab der Existenz und in der Dimension des menschlichen Zusammenlebens das Wesentliche verfehlt, ist um vieles geringer.

Vor-Urteilsfähigkeit

In der Erkenntnis ist uns der Uno-actu-Ausgriff auf die Wahrheit versagt. Vorlieben, Neigungen, Präferenzen und Einsichten ver-dichten sich in endlos variierten Anläufen von Versuch, Irrtum und erneutem Versuch. Der Gang zur Wahrheit ist kein punktge-naues Kommandounternehmen; zur immer größeren, immer be-wußteren Wahrheit muß man sich hindurcharbeiten durch das, was nicht Wahrheit ist, was sie zudeckt, verhindert und stört: man muß freilegen, prüfen, ausmustern und verwerfen.

Was wir Urteilsfähigkeit nennen, ist nichts anderes als das Verfügen über ein relativ stabiles Set komplexitätsreduzierender allgemeiner Selektionsmuster; was wir Urteilsfähigkeit nennen, ist, näher und genauer gesehen, meist Vor-Urteilsfähigkeit, Fä-higkeit zu wissen, was nicht gilt, was wir nicht wollen, nicht können und nicht dürfen. Ungleich schwieriger und entsprechend seltener verfügen wir über die mit Gründen gewappnete Gewiß-heit, was wir positiv wollen, was getan werden muß, was richtig ist, erwünscht ist, gut ist und nützlich. Dies gilt für die individuelle wie für die kollektive Dimension unseres Handelns. In der Regel fällt es uns leichter anzugeben, was wir *nicht* wollen. Der Weg zur Wahrheit – wer hätte es nicht erfahren! – ist mit Irrtümern gepfla-stert. Die Vorurteile sind die »bedingten Reflexe« unserer Irr-tumsfähigkeit. Sie verschaffen uns die lebensermöglichende Ent-lastung vom stets erneuten Zwang zur Entscheidung. Obgleich wir in diesem Sinne allesamt von unseren Vorurteilen »leben«, genießen sie keinen guten Ruf. Dies darf uns nicht wundern. Bündelt doch das Vorurteil als eine Art von Defensiv-Erfahrung das ganze Spektrum präventiven Nicht-Wissens, welches der offensiven Logik technischer Rationalität widerstrebt: Es ermächtigt mehr zum Bewahren als zum Bewirken, mehr zum Verwerfen als zum Veranlassen.

Der »methodische Zweifel«, den Descartes in seinem »Discours de la Méthode« entwickelt hatte, formulierte, repräsentativ für die gesamte Neuzeit, jenes ungemein folgenreiche *Vorurteil wider das Vorurteil:* »in dubio contra traditionem«. Solange etwas nicht als absolut wahr erwiesen ist, ist es nicht anders zu behandeln als das mit Gewißheit Falsche. Was uns an Erfahrung leiten könnte, an Ungefährem und Teilwissen, an Überzeugung, Intuition und Wahrscheinlichkeit, bleibt für die Wissenschaft und – als Folge – für das Leben unberücksichtigt: Was *vielleicht* falsch sein könnte, ist zu behandeln, als wäre es *definitiv* falsch. Mit Descartes beginnt der bis heute anhaltende Siegeszug einer besonderen Form der Parteilichkeit: der Parteilichkeit zugunsten des Artefakts und zu Lasten des Artefaktors; die Parteilichkeit zugunsten des Künftigen und zu Lasten des Jetzigen; die Parteilichkeit zugunsten des – wenigen – Wahren und zu Lasten des – vielen – Wahrscheinlichen; die Parteilichkeit zugunsten dessen, was – vielleicht – wird, und zu Lasten dessen, was ist.

Die moderne Wissenschaft ist Simulation *gegen* die Wahrscheinlichkeit: Wir müssen so tun, als ob das nur wahrscheinlich Wahre in Wahrheit unwahr sei. Das – immerhin – Wahrscheinliche wird »vorsorglich« aus dem Verkehr gezogen. Vieles wird dabei über Bord geworfen, was wir im Wege der Erfahrung und der Intuition erworben haben, und was in erheblichem Maße unseren »sozialen Reichtum« ausmacht, obwohl wir es vielleicht nie mit letzter Gewißheit unseren Wissensbeständen werden zuordnen können. Von tradierten Kenntnissen der Naturheilkunde, über alte Techniken des Handwerks bis hin zu religiösen Deutungs- und sozialen Gestaltungskompetenzen sind vielfältige Formen unseres »Wissens« und unserer Erfahrung vom Aussterben bedroht.

Nie zuvor ist in vergleichbarer Rigorosität das Bestehende unter den generellen Ideologieverdacht des »falschen Bewußtseins« gestellt worden. Die nachcartesische Wissenschaft schmiedet aus der Parteilichkeit zu Lasten der Wirklichkeit eine methodische Waffe, die es erlaubt, trennscharf ein- und auszugrenzen, und bewahrenswert und verwerflich streng zu scheiden. Die »Verifikationshypothese« des methodischen Zweifels exponiert alles Bestehende und durch Erfahrung Beglaubigte, alles Geglaubte und bloß ungefähr Gewußte als beweispflichtig. Die Existenzberechtigung alles nicht *clare et distincte* Erwiesenen ist zweifelhaft, solange der absolute Wahrheits- und Richtigkeitsbeweis *nicht* erbracht ist.

Der Hauptfeind, dem es an den Kragen geht, ist der Irrtum. Wer alles dem »methodischen Zweifel« unterwirft, arbeitet mit Worst-case-Szenarien: Der schlimmste denkbare Fall, daß alles, was Menschen auf vorwissenschaftlicher Grundlage zur Orientierung diente, falsch sei, gibt das Schema ab für den repräsentativen Normalfall. Wer alles in Zweifel zieht, will in allem, was er gelten läßt, letzte, vollkommene Gewißheit. Er verschmäht die vielfältigen Möglichkeiten abgestufter Gewißheit, die jener nutzt, der sich »versuchsweise« auf die Wirklichkeit einläßt und zunächst einmal gelten läßt, was ist, jedenfalls so lange, bis es eindeutig *widerlegt* ist: in dubio pro traditionem. Es ist ein Unterschied ums Ganze, ob »im Zweifelsfall erlaubt« oder »im Zweifelsfall verboten« gelten soll.

Wer das Vorhandene, das Übliche, das Gewohnte und Geläufige vorsorglich verneint, nur weil es nicht »vollkommen« ist, handelt nicht »vorsorglich«, sondern fahrlässig, jedenfalls solange er die durch Zweifel erschütterten »Gewißheiten« und das, was sie »leisteten«, nicht annäherungsweise durch besser begründetes Wissen ersetzen kann. Die Beweislastverteilungsregel schützt zunächst das Vorhandene, wenngleich keineswegs »total«. Nicht für jeden einzelnen, aber wohl doch für die Mehrzahl der Fälle gilt: Dem schon vorhandenen Üblichen gebührt der Vorrang vor dem nur möglichen Üblichen. Die präventive Negation von Üblichkeiten ist lebens- und irrtumsfeindlich. Die Nötigungen ultimativen Tabula-rasa-Denkens sind immer wieder mit der beharrlichen Frage zu prüfen, ob nicht zu den »schützenswerten Beständen« auch ein Großteil unserer Üblichkeiten gehören kann und muß, da alle Veränderungen, die stattfinden, unwiderruflich auf die Bedingung der »vita brevis« verpflichtet sind.

Die Gründung der modernen Wissens- und Wahrheitslehren auf ein Ensemble von Worst-case-Annahmen endete in letzter Konsequenz bei der Schaffung einer Wirklichkeit, die uns nötigt, auch viele Entscheidungen des Lebens und der Politik im Schatten ebensolcher Erwägungen des schlimmsten denkbaren Falles zu treffen. Vom Dauerzwang des Ernstfalldenkens können wir uns nirgends mehr befreien: weder in der Freizeit (etwa als Autofahrer) noch am Arbeitsplatz, weder als Wissenschaftler noch als Politiker. Überall sind die Irrtümer unverhältnismäßig teuer geworden; überall werden Fehler drakonisch bestraft. Nicht immer zahlt allerdings die Zeche, wer sie verursacht hat. Für die Abstrafung Unschuldiger haben wir uns längst einen wohlklingenden Euphemismus zugelegt: »soziale Kosten«.

Das Experiment: Irrtum als Methode

Der Irrtum ist nicht dasselbe wie das Experiment. Der wichtigste Unterschied ergibt sich wohl aus dem begleitenden Bewußtsein: Wer auf dem Irrtumspfad wandelt, weiß nicht, daß er eben dies tut. Er ist von der Richtigkeit seiner Meinung, der Stichhaltigkeit seiner Argumente und der Angemessenheit seiner Maßnahmen überzeugt. Irren kann man sich nur, wenn man von der Richtigkeit dessen überzeugt ist, was den Inhalt des Irrtums ausmacht. Kurz: Irren kann man sich nur, solange man den Irrtum nicht bemerkt. Wer dagegen ein Experiment veranstaltet, weiß, daß er, zum Zwecke der besseren Erkenntnis, nur so tut als ob ... Wer etwas ausprobiert, weiß, daß er sich nur versuchsweise auf bestimmte Annahmen einläßt; daß sie richtig, aber auch falsch sein können. Wer solcherart mit dem Irrtum »rechnet«, kann sich, genau genommen, gar nicht *irren*. Zum Irrtum gehört, anders als zum Experiment, das Moment der Überraschung, ja der »Enttäuschung«: Man hat sich getäuscht, ist getäuscht worden, und nun ist der Bann der Täuschung durchbrochen, man sieht wieder klar. Wer experimentiert, weiß, daß er nicht (genau) weiß; aber weiß auch meist genau, was er wissen will. Wer sich irrt, glaubt zu wissen; weiß im Augenblick des Irrtums gerade *nicht*, daß er nicht weiß.

Das Experiment ist ein »enttäuschungsfestes« Unternehmen,

weil die Möglichkeit des »Irrtums« mitgedacht wird, ja geradezu die Logik der Suche bestimmt. Wer sich irrt, *ist* blind, wer experimentiert, *stellt sich* blind. *Das Experiment ist der Irrtum als Methode.*

Im Experiment nutzen wir bewußt und planvoll die Irrtumssituation. Wenn Irrtümer ohnehin lebensnotorisch sind, unvermeidlich, dann ist es besser, sie kontrolliert zu veranstalten, als unvermutet über sie zu stolpern. Im Experiment simulieren wir die Möglichkeit des Irrtums – und halten die Ent-täuschungskosten niedrig. Das Experiment ist die methodische Trockenübung auf dem Weg des Irrtumslernens: der Irrtumsernstfall soll vermieden werden.

Eine experimentierfreudige Grundeinstellung gehört zum sozialen »Klima« des produktiven Irrtums. Was in der Perspektive der individuellen Rationalität als »Irrtum« erlebt wird, kann in der Perspektive der kollektiven Handlungsrationalität ein »Experiment« sein. Wenn einzelne in subkulturellen Lebenszusammenhängen neue Formen des Zusammenlebens »ausprobieren«, muß das von den Beteiligten selbst keineswegs im Modell des Experiments erlebt werden. Sie *meinen* wohl eher, was sie *tun*; und wenn sie scheitern, werden sie dies oft genug als existentiellen Orientierungsirrtum erfahren, aus dem sie die entsprechenden Schlüsse ziehen. Als Akteure in einem *experimentum ad hominem* werden sie sich in den wenigsten Fällen sehen. Vor allem die Eingangsüberzeugung der Beteiligten am Beginn eines solchen Weges spricht gegen seine Deutung als Experiment. Was einzelne als ihre Irrtumserfahrung begreifen, kann jedoch von der Gesellschaft, die aus der Distanz »zuschaut« und »zuläßt«, u. U. sogar aus eigenem sozialen Erkenntnisinteresse heraus abweichende Lebensmodelle behutsam unterstützt und fördert, durchaus als ein »Experiment« gedeutet werden. Der freiwillig und aus Überzeugung beschrittene Irrtumsweg einzelner wird für die Gesellschaft als ganze zum modellhaften Sozialexperiment.

Experimente mit »freiem« und »gebundenem« Mandat

Andererseits besagt aber die Experimentierfreudigkeit noch nicht, daß eine Gesellschaft wirklich fehler- und irrtumsfreundlich ist. Denn das Experiment zielt ja, als methodische Simulation des *Eventualirrtums*, gerade darauf ab, den *Realirrtum* zu vermeiden. Eine *struktur*konservative Gesellschaft, die im Großen unbeweglich und starr ihr Wachstumspotential nur in einer Dimension entfaltet, kann im Kleinen eine Fülle von Anpassungs- und Modernisierungsexperimenten ermuntern, welche in summa gerade die *strukturelle* Richtungsänderung verhindern. Solche Richtungsänderungen sind, wo sie dennoch erfolgen, meist katastropheninduziert, also Folgen von Kriegen, abrupten Versorgungskrisen, Naturkatastrophen, u. ä.; in den seltensten Fällen verdanken sie sich dem antizipatorischen Sozialexperiment.

Das Experiment kommt also nicht allein der irrtums- und fehlerfreundlichen Gesellschaft zugute, es ist auch für die irrtumsfeindliche Welt der annäherungsweise perfekten »großen Strukturen« ein unentbehrliches Instrumentarium für Entwicklungs-, Wachstums- und Anpassungskorrekturen. Strukturelle »Orthodoxie« und Vertrauen auf experimentelle Forschung greifen nahtlos ineinander. Die vervollkommnungsoptimistische Vision des amerikanischen Verhaltensforschers B. F. Skinner in »Walden Two« verdeutlicht dies exemplarisch: Die Allgegenwart des Experiments in diesem modernen Utopia soll nicht den Irrtum ermöglichen und ermuntern, sondern ihn vermeiden und ausmerzen. Nichts, was geschieht, geschieht unbemerkt und ungeplant. Das Experiment ist ein Instrument der sozialen Planung im Dienste der Effizienzsteigerung.

Es gibt offensichtlich zwei Sorten von Experimenten: solche mit »freiem« und solche mit »gebundenem« Mandat; während erstere sich ohne feste Ziel- und Problemvorgabe in der Terra incognita unausschöpfbarer Möglichkeiten bewegen, gilt für letztere, daß sie, wie die kontrollierten Experimente in Naturwissenschaft und Technik, festen Vorgaben und funktionalen Notwendigkeiten folgen.

Der aktuelle »Relevanz«-Druck als Folge des Folgenmilderungszwangs

Was immer man »der Wissenschaft« vorwirft – alle stimmen darin überein, sie solle »relevante« Fragestellungen behandeln, damit sie »nützliche« Ergebnisse produziere. In dieser Forderung steckt die durch nichts bewiesene Behauptung, wir wüßten heute, was morgen »relevant« sei. Die Gefahr ist groß, daß wir, gerade im Fahrwasser der »Relevanz«, die Fehleinschätzungen, Versäumnisse und Erkenntnisschwächen des Tages weitertragen. Vielleicht trifft eher das Gegenteil zu: Am nützlichsten ist das »Unnütze«, ist ein Wissen, dessen möglichen künftigen Nutzen jetzt noch keiner kennt, über das wir aber bei Bedarf verfügen können. In einer Situation der Unsicherheit und des allgemeinen »Zukunftsgewißheitsschwundes« (Hermann Lübbe) ist die beste Option diejenige, welche sich die Prävention des Nicht-Wissens zunutzen macht: Da wir nicht wissen, wissen wir auch nicht, was wir am dringendsten brauchen werden; eben deshalb sammeln wir Wissen und Reflexion »auf Vorrat«. Die ohne akuten Relevanzdruck erworbenen Erkenntnisse haben obendrein den Vorzug größtmöglicher Unabhängigkeit: Sie stehen am wenigsten im Verdacht, am Gängelband kurzatmiger (Verwertungs-)Interessen zu hängen.

Die Philosophie des nützlichen Irrtums ist keine philosophische Himmelsleiter, sondern einfach ein Stück profaner Unheilsvermeidungsphilosophie. In Zeiten der Ungewißheit sorgt man am besten vor durch Beweglichkeit: Man ist am besten vorbereitet, wenn man auf alles vorbereitet ist. Die »neue Unübersichtlichkeit« (Jürgen Habermas) erfordert als angemessene Reaktion die »neue Beweglichkeit« der Protagonisten. Robert Musils »Mann ohne Eigenschaften« oder Woody Allens »Zelig« verkörpern die Sozialtugenden der Stunde: Sie verharren zwischen den Fronten und Professionen, angespannt, auf alles vorbereitet, mit der saisonalen Theorieausstattung wohlversehen gehen sie jargonvirtuos alle Gangarten mit, vermeiden aber auf's sorgfältigste jede definitive Festlegung: abwarten und in Bewegung bleiben. Solange wir nur wissen, daß wir nicht wissen, was das weniger Giftige ist – Tee oder Kaffee, Wasser aus der Leitung oder aus der Flasche, Bier oder Wein, Cola oder O-Saft, solange gilt aus Gründen schadensbegrenzender Risikominimierung nur eins: alles trinken, bloß sich um Himmels willen nicht festlegen! Produkttreue und Prinzipienfestigkeit gehörten zur alten Welt der unverrückbaren »Gewißheiten«. Heute werden sie zu einem Verhaltensprogramm für potentielle Selbstmörder.

Nur ein Bruchteil unserer wissenschaftlich-technischen Hervorbringungen erfüllt noch die Kriterien »autonomer« Innovation, der übergroße »Rest« ist Folgenmilderungstechnologie. Viele der allerneuesten Fortschrittserrungenschaften haben nur den Sinn, die von niemandem gewünschten und von keinem vorausgesehenen unbewältigten Nebenfolgen vorangegangener Fortschrittserrungenschaften wieder aus der Welt zu schaffen. Von der Vollendung des »technischen Kosmos« sind wir weit entfernt; viel eher sind wir dabei, die Welt zum gigantischen Reparaturbetrieb zu verengen und zu vereinseitigen. Nicht daß wir reparieren ist das Problem, sondern daß wir mehr »reparieren« als »erfinden«. Längst zeugen die techno-logischen Reparaturzwänge sich lernpathologisch fort: Wir reparieren an der Reparatur der Reparatur der Reparatur ... und können doch den Irrtum selbst nicht mehr korrigieren.

V. Welt der falschen Gewißheit: Der Verlust der Irrtumschance

Gedankenstürme mit Seltenheitswert

Wissenschaft und Technik etablieren Gewißheit: Zu jedem geographischen Punkt der Erde führen uns, wo nicht Weg und Straße selbst, so wenigstens Karten und Bilder; lange vor der Geburt eines Kindes können wir uns seines Geschlechts und seines Gesundheitszustandes vergewissern; für nahezu jede Frage steht uns eine Vielzahl von verläßlichen Informationsquellen zur Verfügung; wir können im Kursbuch ablesen, wann wir frühestens in München eintreffen; wir können berechnen, welche Monatsrente uns im Alter verfügbar sein wird; dank der empirischen Meinungsforschung wissen wir schon Tage und Wochen vor der Wahl, wen wir wählen und warum; die Statistik belehrt uns über die Bestandschancen unserer Ehe, die Berufschancen unserer Kinder und – last not least – über die eigene Lebenserwartung.

Mindestens dunkel aber ahnen wir längst, wie sehr wir unsere Erkenntnis- und Handlungschancen durch die Präokkupation dieser sich fortzeugenden und sich in allen Lebensbereichen ausbreitenden Teilgewißheit beschädigen. Wir ahnen, welche Vorteile die Offenheit der Situation bietet und was uns entgeht, wenn sie uns abhanden kommt. Wir müssen die verlorene »Offenheit«, die einst unser Medium war, inzwischen regelrecht »synthetisch« herstellen: Wir bauen sie in sorgfältig abgegrenzten Irrtumsreservaten in begrenzter Stückzahl nach. Es sind dies die verschwindend flüchtigen »Orte des wilden Denkens«, die wir uns in Zeitnischen und auf Nebenbühnen gestatten: im Kino, im Karneval, in der Kunst oder auch schon mal, wenn der Behördenleiter seine Mitarbeiter zum »brain-storming« abordnet.

Nietzsche läßt die Neuzeit (um 1770) mit dem abrupten »Verlust der Heiterkeit« beginnen: Es darf nicht mehr gelacht werden, denn Humor lebt von der Vieldeutigkeit. Andere haben die Neuzeit als »Zeitalter der Singularisierung« charakterisiert: Aus Rechten wird das Recht, aus Freiheiten die Freiheit; Pflichten verdichten sich zur Pflicht und die Vielzahl der Geschichten zur einen großen Geschichte. Die Neuzeit braucht die Singularisierung, weil sie die Eindeutigkeit braucht. Was sie an beispielloser Effizienz vor anderen Epochen auszeichnet, verdankt sie vor allem der Steigerung von Gewißheit und Eindeutigkeit.

Die luzide Heiterkeit des Vieldeutigen weicht dem »deutschen Sonderweg« in Sachen Heiterkeit: der (eindeutigen) »Heiterkeit auf dem Grunde der Schwermut«, als welche Paul Kluckhohn die Melancholie des Biedermeier beschrieb.

Deterministische Selbstdeutung oder »Das hat mich ganz schön gefrustet!«

Auch die großen Denksysteme unserer Zeit, die auf die verschiedensten Gebiete des Lebens und des Wissens ausstrahlen und auf eine Weise, die uns selbst gar nicht bewußt wird, unsere Deutungen und Urteile bestimmen, laufen, bei aller Unterschiedlichkeit, auf ein Gemeinsames hinaus: Sie etablieren »Gewißheiten«, die uns unverfügbar sind, und belehren uns über die reale Ohnmacht des einzelnen wie über seine Freiheits- und Mächtigkeitsfiktionen. Darwin, Marx und Freud haben uns gezeigt, daß wir Illusionen erliegen, wo wir uns selbst für das Zentrum unserer Wünsche und Wahrnehmungen halten, wo wir authentisch zu erfahren und autonom zu entscheiden glauben. Nicht einmal unsere Träume gehören uns. Auch wer sich noch so frei und willensmächtig erfährt, ist in Wahrheit ein Produkt von unbegriffenen Zwängen. Der einzelne ist nichts, Trieb, Gene oder Gesellschaft sind alles. Der Mensch, der sich als Subjekt deutet, ist in Wahrheit ein längst bestimmter Bestimmer.

Jenseits aller theoretischen Feinheiten ist dies als der gemeinsame »Kern« des herrschenden Deutungsparadigmas unserer Zeit in stark reduzierten Populärversionen in den Alltag eingedrungen.

Wir deuten uns in vielen Lebenslagen längst in Kategorien eines deterministischen Selbstverständnisses (»das hat mich ganz schön gefrustet«; »ich bin aus der Rolle gar nicht mehr 'rausgekommen«; »meine Situation ließ das nicht zu«; »da ist kein feedback gekommen«). Die Vorherrschaft deterministischer Selbstdeutung macht den Irrtum nicht populärer. Läßt sie doch nur *eine* Form des Irrtums gelten: nämlich jene des nicht durchschauten Determinationsschicksals.

Wissen und Entscheiden oder
Wieviel Gewißheit erträgt die Freiheit?

Gleichwohl entscheiden wir nirgends, wo wir entscheiden, auf der Basis von Gewißheit. Ansonsten bräuchten wir nicht zu *entscheiden*: zwischen A oder B oder einem Dritten zu wählen. Es genügte *auszuführen*, was schon entschieden ist: einem Befehl zu gehorchen, ein Gesetz befolgen, sich am Notwendigen der Natur oder am Zwang der Sache zu orientieren. Die Zumutung des Arbiträren ist der Preis der Freiheit. Und umgekehrt: Überall, wo wir über vollkommene Gewißheit verfügen, wirkliche oder eingebildete, ist die Freiheit außer Kraft gesetzt. Wer nicht *entscheiden* muß, ist nicht frei; und daher kann, wer alles mit Gewißheit weiß, nicht frei sein: Es gibt für ihn nichts zu entscheiden, das zu Ergreifende liegt offen zutage.

Frei ist nur, wer sich irren kann. Der Schleier der Unwissenheit, der sich über`unsere Wünsche, Hoffnungen, Sehnsüchte, unsere Fast-Wahrheiten und Beinah-Gewißheiten breitet, ist der Mantel unserer Freiheit. Der Siegeszug des Wissens macht uns nur dann nicht unfrei, wenn uns noch genügend weiße Flecke auf der Landkarte verbleiben. Wir sind darauf angewiesen, im Ozean geläufiger Gewißheiten neue Erdteile des Unbestimmten zu entdecken. Die Unerschöpfbarkeit des Bestimmbaren ist die Quelle der Freiheit. Wenn wir diese Quelle zuschütten, schneiden wir uns von dem ab, woraus die Werke unserer Freiheit wachsen könnten.

Unwissenheit und – als ihre Folge – Ungewißheit sind für die Freiheit des Entscheidens, was der unbezwungene Gipfel für die Gilde der Alpinisten: die Herausforderung *und* das Medium, in welchem dieser Herausforderung zu begegnen ist. Eine Welt voller aufgelöster Rätsel und beruhigender Gewißheiten sollte alle beunruhigen, die es mit der Freiheit halten; wie man den Gipfelstürmer um die Wonnen seiner Leidenschaft betrügt, wenn man jede Erhebung mit einer Schwebebahn erschließt, so erstickt man auch unter dem Beton gefräßiger Gewißheiten die Landschaft der Freiheit.

Wir werden zu Gefangenen falscher Gewißheiten, die der methodischen Frageverengung einer Wissenschaft »more geometrico« entstammen. Auch deshalb sind die Geisteswissenschaften, die Philosophie zumal, »unvermeidlich« (Odo Marquard, 1986): als Irrtumsgaranten einer offenen Entwicklung. Nicht die Antworten gewisser, sondern die Fragen dringlicher und schwieriger zu machen, ist die Aufgabe der Philosophie. Statt uns an die Zügel zweifelsfreier Antworten zu legen, könnte sie uns die Pforten zum Ungewissen weit aufstoßen.

Seit den hochgestimmten Tagen der Aufklärung haben wir nur jene Bedrohungen der Freiheit ins Auge gefaßt, die uns aus Unwissenheit erwachsen. »Sapere aude« – wage zu wissen, weil Wissen freimacht, das ist die Botschaft, der wir bis heute folgen. Und ganz unzweifelhaft gibt es bis heute Gefahren der Freiheit, die sich aus einem Zuwenig an Wissen herleiten. Doch indem wir all unsere Aufmerksamkeit auf sie richten, werden wir blind für die gegenteilige Gefährdung der Freiheit: durch das Zuviel an einseitigem Gewißheitswissen und die falsche Sicherheit, die es verspricht.

Freiheit braucht Gewißheit *und* Ungewißheit, Sicherheit *und* Suche, Ruhe *und* Risiko gleichermaßen. Freiheit braucht Wissen, welches sie von der Willkür befreit, und Nicht-Wissen, welche sie zur Anstrengung nötigt; denn wer gar nichts weiß, dem wird gleichgültig, *was* er tut; und wer »alles« weiß, dem wird gleichgültig, *daß* er etwas tut. Damit wir etwas *tun*, und damit wir uns bemühen, *das Richtige* zu tun, müssen wir wissen und dürfen doch nie glauben, alles oder auch nur genug zu wissen.

Wer *nichts* weiß, kann auch nicht *entscheiden*, d. h. er kann von der Freiheit keinen bewußten Gebrauch machen; wer *alles* weiß, kann *nicht mehr* entscheiden und braucht nicht mehr zu entscheiden; für ihn ist, wie für einen Gott, mit seiner Allwissenheit alles bereits entschieden. Götter kennen die Mühen der Freiheit nicht. Entscheiden muß nur der Mensch als unvollkommener Zwischenweltler.

Die subtile Balance zwischen notwendigem Wissen und notwendigem Nicht-Wissen, die Entscheidung *nötig* und Freiheit *möglich* macht, ist gestört. Die Kontroversen werden von den Extrempositionen bestimmt: »wir wissen nichts« und »wir wissen alles«. Was soll gelten: Ohnmacht oder Allmacht des Wissens?

Unheils- oder Heilsgewißheit? »Nach uns die Sintflut« oder »Vor uns die goldenen Jahre«?

Die Vermehrung der »Ordnung« und »Gewißheit« auf der Welt durch Vervielfachung und Anwendung des strengen Wissens geht einher mit der Einschränkung und Vernichtung des Rohen, Ungeprägten und Vieldeutigen: Zivilisationserweiterung auf Kosten von Naturzerstörung. Wo die Natur einst Menschenwerk umstellte und bedrängte, ist sie heute ihrerseits allenthalben vom Menschenwerk umstellt und in »Reservate« abgedrängt. Doch just im Augenblick ihrer vermeintlichen Niederlage schlägt sie zurück – diesmal aber nicht durch bedrängende Anwesenheit, sondern durch ihr Fehlen: den Mangel an sauberem Wasser, an Stille, an Rohstoffen, an Artenvielfalt, an genießbaren Nahrungsmitteln, an gesunden Tieren und Pflanzen, an Landschaft und Boden.

Es scheint, als korrespondiere dieser Verkehrung von bedrückendem Übermaß in bedrohlichen Mangel eine andere: die des einstigen *Zuwenig* an Ordnung, an Gewißheit und Wissen in das gegenwärtige *Zuviel* des nämlichen Guten: zuviel an Festlegung, an strukturell gefügter Ordnung, an Gewißheit und strenger Verläßlichkeit, an Zwang und Monotonie, an Eindeutigkeit und Irreversibilität. Wie überall ist auch hier der Feind des Guten des Guten zuviel. War über lange Wegstrecken in der Kulturgeschichte der Menschheit der Mangel an Wissen und Gewißheit und, hierdurch bedingt, der Mangel an Ordnung und einem Mindestmaß an Sicherheit das entscheidende Hemmnis für die Entfaltung der Freiheit, so ist ihr erbitterter Widersacher heute das Übermaß des Gewissen und Regelförmigen, samt der von den »großen Strukturen« erzwungenen irreversibeln Festlegungen. Noch immer hängen wir in unserem öffentlichen Denken und Bedenken einer Freiheitsideologie an, für die es längst keine »strukturelle« Basis mehr gibt.

Die Unverletzlichkeit des Ganzen oder Die Welt als Bewahranstalt

Es ist merkwürdig, wie wenig eine Epoche, die sich schon im Eigennamen von den Gewißheiten des Gewordenen lossagt, über die Bedingungen des Werdens weiß. Warum weiß die Neuzeit so wenig über das Werden des Neuen? Warum weiß sie so wenig über die Bedingungen seiner Heraufkunft?

Vielleicht weil die Pointe der »Neuzeit« – wie so viele Pointen – ein Dementi ist: Vielleicht ist das spezifisch Neue der Neuzeit gerade der *Verlust des Neuen*. Vielleicht haben die Tausende und Abertausende von »Neuheiten« nur den Sinn, uns zu verbergen, daß eigentlich, im Großen, sich nichts Neues mehr ereignet. Das Neue der Neuzeit wäre das Verschwinden der Möglichkeit des Neuen, die Erschöpfung der Ereignisse und Erfahrungen im Post-histoire.

Es gibt ungezählte Versuche, die Neuzeit zu charakterisieren. Der gewiß nicht unplausibelste dieser Versuche könnte lauten: Die Neuzeit ist jene Epoche, welche, wie keine Epoche zuvor, in nicht abreißender Folge die Mittel totalitärer Kontrolle des menschlichen Verhaltens hervorgebracht hat und laufend hervorbringt. Ausgesprochenes oder unausgesprochenes Ziel, zumindest aber einspruchslos hingenommener Nebeneffekt fast aller Hervorbringungen der letzten zwei- bis dreihundert Jahre ist es, menschliches Handeln und Verhalten »festzustellen«, es »transparent« und berechenbar zu machen. Ungezählte »Mittel« dienen diesem »Zweck«, darunter vortreffliche und höchst dubiose: von der Verfassungsgarantie der Grund- und Menschenrechte über die Systeme der Bildung und Ausbildung, die Produkte der Freizeit- und Bewußtseinsindustrie, die Rationalisierung der Arbeit und die Erkenntnisse der »Humanwissenschaften« bis zu den Partei- und Verbandsgründungen dieses und des vergangenen Jahrhunderts. Nahezu alles, was in diesen und anderen Feldern erfunden, unternommen und eingerichtet wurde, dient im Ergebnis dazu, unser Verhalten zu konditionieren und unsere Motive zu stabilisieren.

Durch nahezu allen »Fortschritt«, nicht zuletzt durch jenen, den wir als »Freiheitsfortschritt« bilanzieren, ist unser Verhalten »bestimmt« worden. Was verläßlich kalkulierbar ist, ist auch beherrschbar, jedenfalls läßt es sich in Strategien der »antizipierten Reaktion« (C. J. Friedrich) jederzeit einfangen. Wir wissen genauer als je zuvor, was Menschen tun und sagen, denken und empfinden. Und weil wir es so genau wissen, können »wir«, jedenfalls jene, die hierzu die Mittel und Möglichkeiten haben, darauf Einfluß nehmen. Nie sind dem Individuum mehr verbale Rauchopfer dargebracht worden; und nie war die reale Vergesellschaftung, bis hinein in die privatesten Lebensäußerungen, zwingender. Nicht wenige Streitstandpunkte haben in diesem kaum durchschauten Widerspruch ihre Ursache.

Der Globus im Banne des industriezivilisatorischen Irrtumsverbots trägt wenig Ackerkrume für die Freiheit der individuellen Abweichung. Wir haben die Freiheit nicht vermehrt, wir haben nur die Gefängnisse erweitert.

»Bespitzeln« und aufwendiges »Unterdrücken« aus Gründen der Staatsräson – dies gehört zur alten Welt der »weichen« Strukturen. Die wesentliche Unveränderbarkeit des Ganzen läßt formale »Liberalität« effektiver und kostengünstiger erscheinen. Wir können sagen, was wir wollen; aber wir können nirgends mehr als fünf Kilometer geradeaus laufen, ohne eine befestigte Straße zu kreuzen. Die Welt ist hermetischer geworden wider spontane Eingriffe und Veränderungen aller Art; wir können ihr nicht mehr gefährlich werden; sie wird im Großen bedrohungs- und veränderungsimmun, alles auf ihr ist gezählt, erfaßt und vermessen; jede »kollektive« Bewegung von einem Dutzend Personen aufwärts kann jederzeit durch Satellitenbeobachtung erfaßt werden. Daß wir in einer so »festgelegten« Welt politisch und weltanschaulich nicht mehr gar so plump gegängelt werden, besagt für die Qualität unserer Freiheit noch nicht allzuviel. Wenn das Ganze zur Bewahranstalt wird, kann man sich die traditionellen Mauern und Wächter sparen. Wenn alle eingesperrt sind, braucht man niemanden mehr gesondert einzusperren.

Diesen Befürchtungen hatte schon Alexis de Tocqueville in seinem berühmten Amerikabuch beredten Ausdruck verliehen: »Ich erblicke eine Menge einander ähnlicher und gleichgestellter Menschen«, lesen wir dort, »die sich rastlos im Kreise drehen, um sich kleine und gewöhnliche Vergnügungen zu schaffen, die ihr Gemüt ausfüllen. Jeder steht in seiner Vereinzelung dem Schicksal aller anderen fremd gegenüber: seine Kinder und seine persönlichen Freunde verkörpern für ihn das ganze Menschengeschlecht; was die übrigen Mitbürger angeht, so steht er neben ihnen, aber er sieht sie nicht, er berührt sie nicht, und er fühlt sie nicht . . . Über diesen erhebt sich eine gewaltige, bevormundende Macht, die allein dafür sorgt, ihre Genüsse zu sichern und ihr Schicksal zu

überwachen. Sie ist unumschränkt, ins einzelne gehend, regelmäßig, vorsorglich und mild. Sie wäre der väterlichen Gewalt gleich,
wenn sie wie diese das Ziel verfolgte, die Menschen auf das reife
Alter vorzubereiten; statt dessen aber sucht sie bloß, sie unwiderruflich im Zustand der Kindheit festzuhalten; es ist ihr recht, daß
die Bürger sich vergnügen, vorausgesetzt, daß sie nichts anderes
im Sinne haben, als sich zu belustigen. Sie arbeitet gerne für deren
Wohl; sie will aber dessen alleiniger Betreuer und einziger Richter
sein; sie sorgt für ihre Sicherheit, ermißt und sichert ihren Bedarf,
erleichtert ihre Vergnügungen, führt ihre wichtigsten Geschäfte,
lenkt ihre Industrie, ordnet ihre Erbschaften, teilt ihren Nachlaß;
könnte sie ihnen nicht auch die Sorge des Nachdenkens und die
Mühe des Lebens ganz abnehmen?« (Kap. 6; S. 342)

Individualismus ohne Individuum

Wie konnte ausgerechnet der Individualismus zur Hausphiloso-
phie einer Gesellschaft avancieren, deren Hauptbeschäftigung
offensichtlich darin besteht, die Mittel für die Abschaffung der
individuellen Existenz zu ersinnen und sie massenhaft und preis-
günstig bereitzustellen? Und warum spielte andererseits die Idee
des Individuums in den älteren Gesellschaftsformationen, die
auch nicht andeutungsweise über die Mittel einer realen technologischen »Zwangsvergesellschaftung« verfügten, kaum eine er-
kennbare Rolle?

In der vormodernen Epoche des »real existierenden Individualismus« war Individualismus kein Thema. Erst mit dem sich
abzeichnenden »Verschwinden« des Individuums am Beginn der
Neuzeit, erst mit Industrialisierung und Verstädterung, mit Ver-
massung und technologischer Zwangskollektivierung der Existenz gibt sich der Individualismus theorieoffensiv. Während wir
– vormodern – vom *Individuum ohne Individualismus* sprechen
können, gilt – modern – die Formel vom *Individualismus ohne
Individuum.*

Wieso blühen die Kollektivmythen von Kult und Herkunft,
Volk und Land, Herrschaft und Abstammung gerade unter der
Real-Ägide des Individuums? Und warum huldigen wir den ideo-
logischen Leitbildern des Pluralismus und Individualismus ge-

rade dann, wenn diese als soziale Real-Formationen fast verschwunden sind?

Sollten vielleicht die »herrschenden Ideen« gar nicht so sehr die herrschende Wirklichkeit abbilden als vielmehr das erinnern, bewahren und einmahnen, was durch diese Wirklichkeit jeweils dementiert wird? Passen sie also zur herrschenden Wirklichkeit allein in dem Sinne, daß in ihnen aufscheint, was *nicht* ist? Stellen sie gar der jeweiligen Real-Negation die entsprechende Ideal-Position zur Seite? Zu welchem Schluß wir, auf's Ganze der Geschichte gesehen, in diesen Fragen auch immer kommen – unzweifelhaft scheint, daß wir in einer Zeit der schwindenden Verbindlichkeit nicht so sehr der Idee, sondern *der Sache* des Individuums leben.

Formelles und informelles Autarkieverbot

Bei vielen Jägervölkern existiert ein strenges Tabu, welches auf eine Art »Autarkieverbot« hinausläuft: Der einzelne Jäger darf das von ihm selbst erlegte Wild nicht verzehren. Diese Regel bindet ihn um den Preis des Hungertodes an die Gemeinschaft zurück. Er, der sich im Normalfall, solange er jung und gesund ist, selbst ernähren könnte, wird unter die Abhängigkeit von den anderen gezwungen, die ihm seine Nahrung liefern. Und dies schon zu einem Zeitpunkt, zu dem er durchaus noch für sich selber sorgen könnte. Durch das Verbot, die eigene Jagdbeute zu verzehren, wird die soziale Verbindung unauflöslich. Es ist ein kulturanthropologisch bedeutsamer Schritt, der den einzelnen zur Eingliederung in die Gesellschaft zwingt: Es ist die Gemeinschaft der anderen, der der einzelne sein Dasein dankt.

Wir wissen, daß die Entwicklung weiterging. Wir haben uns heute ganz und gar aus der persönlichen Abhängigkeit vom anderen gelöst. Wir haben Unabhängigkeit zu einem autonomen Wert vereinseitigt. Doch freier und unabhängiger sind wir schwerlich geworden. Wir haben nur die Schicksalsfee getauscht. Unsere Abhängigkeit hat ein anderes Gesicht. Es ist nicht mehr der personenhafte Nächste des mitjagenden Stammes, dem wir vertrauen müssen, – es ist überhaupt niemand mehr mit Namen, Vornamen und individueller Biographie. Es ist das personenneutrale System der Lebensmittelversorgung, der Abendnachrichten, der Rentenversicherung und der Fernzüge, von dem wir abhängen. Je mehr wir uns voneinander gelöst haben, um so abhängiger sind wir alle vom Ganzen geworden. Die ideelle und existentielle *Individuation* geht Hand in Hand mit der realen *Vergesellschaftung*.

Die Unabhängigkeit, welche uns der neuzeitliche Individualismus verspricht, ist eine Fiktion, die schon an der nächsten Straßenkreuzung widerlegt wird. Doch die Verbreitung und Resonanz dieser Fiktion erklärt, weshalb es um die Reputation des Irrtums so schlecht bestellt ist: Wer sich unabhängig wähnt, unbehelligt von jenen den eigenen Willen durchkreuzenden Willensimpulsen der anderen, der hält es eher mit der Illusion der Gewißheit und Berechenbarkeit, während derjenige, der sich unentrinnbar in ein soziales Abhängigkeitsgeflecht eingebunden weiß, sich auch auf Versuch und Irrtum als Medien des sozialen Austauschs verpflichtet weiß.

Wenn uns »der Andere« nur noch als ein von allen Persönlichkeitsschlacken gereinigter Funktionsträger begegnet: als »Bedienung« oder »Krankenhauspersonal«, als Schaffner oder Angestellter des Einwohnermeldeamtes, dann scheint uns über das »Reinigungswerk« der Rollenfixierung auch das im Zusammenprall von Individualitäten unweigerlich grundgelegte Moment der Unberechenbarkeit gebannt. Doch niemals irren wir mehr und folgenreicher, als wenn wir glauben, den Irrtum besiegt zu haben. Bewegen wir uns dagegen »sicher« im Medium des Irrtums und erscheint uns dieses Medium gleichermaßen angemessen und unverfügbar wie dem Fisch das Wasser, dann kann uns der kleine Irrtum weiterhelfen, ohne daß der große je unseren Weg kreuzt.

Simulation der »Offenheit« oder Im Disneyland des Irrtums

Auch dies ein Symptom der Ungleichzeitigkeit: Wir schaffen auf vielfältige Weise kompensatorisch *beides* – Situationen der *Gewißheit* und solche der *Ungewißheit*. Die Welt der eindeutigen Strukturen, die sich mit Macht die Eindeutigkeit auch des Verhaltens erzwingen, lockern wir auf, ohne sie zu erschüttern, indem wir

Ersatz-Ungewißheiten, Ersatz-Risiken und Ersatz-Abenteuer einbauen, künstliche Irrtumschancen, nachdem die »große Gewißheit« der gesellschaftlichen Lebensorganisation den naturwüchsigen Irrtum längst erstickt hat.

Selbst einer der großen Gewißheitsproduzenten, der Computer, wirkt heute bei der Herstellung von künstlicher Ungewißheit mit. Tausende von Tele- und Computerspielen simulieren und offerieren, was im Alltag schwindet: Offenheit, Situationen der Gestaltbarkeit, Nischen des kleinen Irrtums. Wer sich auf den synthetischen Zufall einläßt und die software-gestützte Freiheit für bare Münze nimmt, mag tatsächlich glauben, vom Abenteuer des Lebens nicht ausgeschlossen zu sein. Die Schrumpfversionen von Zufall und Irrtum, die wir mit Toto und Lotto, mit Roulettekugel und Joy-Stick synthetisieren, sind eines jener Hintertürchen, durch die wir dem Leben kompensatorisch wieder einen Beruhigungshappen dessen zuteil werden lassen, was wir ihm zuvor systematisch ausgetrieben haben: Ungewißheit.

Der »Zufall« in der geplanten Welt ist ein eminent aufwendiges und vorbereitungsintensives Ereignis. Wenn wir beispielsweise zwei Fußballmannschaften aufs Feld schicken, tun wir dies, um für anderthalb Stunden eine kompakte Situation der strukturellen »Offenheit« und der konzentrierten »Ungewißheit« zu schaffen. Doch mit wieviel »Ordnung« ist diese rar und kostbar gewordene »Unordnung« erkauft? Da wird über Wochen und Monate im voraus professionell trainiert und informiert, da unterziehen sich die fünfzigtausend Pilger ins Irrtumsreservat von König Fußball für mehr als zwei Stunden An- und Abfahrt der Zwangsreglementierung des Massenverkehrs, da stehen sie in langen Schlangen vor Kassen- und Toilettenhäuschen, lassen sich brav von einer Fülle abstrakter Zeichen leiten, bis jeder einzelne »seinen Platz« gefunden hat – im Block D, 17. Reihe, Nr. 235 oder anderswo –, da werden die fünfzigtausend von wenigstens fünfhundert mit Schlagstock und Schäferhund bewaffneten »Ordnungskräften« (!) vor, während und nach dem Ereignis ins amtseigene Polizisten- und/oder Video-Auge genommen, – das alles und manches mehr, nur um für eine lächerlich kurze Zeitspanne zu erfahren, was wir so wirkungsvoll aus unserem Erfahrungsbereich verbannt haben; um wieder einmal den Stoff zu fühlen, aus dem einst Leben war: Ungewißheit, Offenheit, Irrtum, Zufall.

Es scheint, als würden diese »kleinen Fluchten« in den synthetischen Irrtum vor allem deshalb so wichtig, weil wir sonst am Ende gewahr werden könnten, daß der lebendige Irrtum und die wirkliche Ungewißheit vom Aussterben bedroht sind. Wer von uns registriert schon bewußt die Zwänge der »großen Ordnung«, in die wir eingefügt sind? Ist es nicht auch ein elementarer Aspekt von Freiheit, unbeirrt querfeldein gehen zu können, um einen Nachbarn zu besuchen? Sich nicht durch die Straßenführung unter die Erde verbannen zu lassen; von Ampeln angehalten, von Gebäudekomplexen, Schienen und Zäunen abgedrängt zu werden; einmal wieder in die Himmelsrichtung loszugehen oder zu fahren, in die man auch tatsächlich will, ohne in seiner Sinnesorientierung durch desorientierende Auffahrtschleifen, Umleitungen und einen Dschungel abstrakter Zeichen förmlich »enteignet« zu werden?

Man führe sich einmal die während eines ganz normal verlaufenden Tages einem ganz normalen Bürger einer ganz normalen Großstadt begegnenden Zwänge, Restriktionen und Hemmnisse minutiös vor Augen; man füge dann die chronischen Zwänge durch Verwaltungsbestimmungen, Steuerrecht, Bank- und Versicherungswesen u. v. a. mehr hinzu, die uns allesamt zu fortlaufender Selbstverwaltung und -kontrolle bis in die kleinsten Alltagshandlungen hinein zwingen; dann mag man entscheiden, ob unser »Fortschritt in der Freiheit«, der uns heute, im Zeichen der politischen Demokratie, so gänzlich unzweifelhaft erscheint, seinen Rang zurecht geltend macht oder nicht.

Daß dem einzelnen heute politische Äußerungs- und Mitwirkungsrechte garantiert werden und daß er sich auf eine geschützte Privatsphäre berufen kann – all dies besagt wenig, wenn die Lebensbedingungen im Großen funktionale Einordnung und unbeobachtete Fügung erzwingen: Die disziplinierende und organisierende Wirkung, die von einem U-Bahnsystem ausgeht, ersetzt vielleicht die Ordnungskompetenz von zehntausend polizeilichen Ordnungskräften.

So verletzlich und verwundbar die vernetzten technischen Großstrukturen der modernen Gesellschaft im einzelnen auch sind, so unangreifbar sind sie im ganzen.

Flucht in die Vergleichbarkeit oder
Eindeutigkeiten am laufenden Band

Sportgeschichte ist – wie die meisten aktuellen Sportberichte auch – vor allem Statistik. Die Lage der Liga, das sind vor allem Zahlen; Zahlen, die wir mit einer Aufmerksamkeit konsumieren, von der ein Bruchteil genügte, Tochter und Ehefrau – vom »Nächsten« ganz zu schweigen – die Depressionen zu vertreiben; und Zahlen, die wir wieder vergessen haben, noch bevor wir die Zeitung aus der Hand geben.

Eine der absonderlichsten Buchkarrieren bestätigt diesen Befund massenhafter Zahlensüchtigkeit: der Erfolg eines Buches, das man gar nicht »lesen« kann, durch das man sich hindurchsieht, wie durch Werbespots; der Erfolg einer ausgesprochenen »Non-book«-Produktion seichtester und anspruchslosester Art ohne Verwicklungen, ohne spannende Handlung, paradigmatisch für eine Welt, die dabei ist, das Schicksal zu besiegen; für die Menschen und ihre Geschichten etwas Antiquiertes sind: das »Guiness-Buch der Rekorde«. Statt verwickelter Geschichten, statt wechselvoller Schicksale, statt vieldeutiger Charaktere, die man lieben und hassen kann, verlachen und verklären, – Eindeutigkeiten am laufenden Band, in Zahlen gefaßt und auf neuestem Stand!

Die unüberbietbare Eindeutigkeit der Zahlen, die jede Deutungsnische zumauern – dies ist das erschreckend Symptomatische dieses Erfolges. Es sind die Symptome der Sucht und des Süchtigen, die hinter der Konsequenz wirken, mit der hier die Spuren des Singulären getilgt sind. Die Sucht des Guiness-Book-Analphabeten ist die Sucht nach den infantilen Objektivationen von Bandmaß und Stoppuhr, da die private Existenz und die persönliche Einzigartigkeit ihm unhaltbar geworden sind. Die Selbst-Auslöschung im Medium der Zahl und seine ritualisierte Pseudorettung im Rekord – das ist der Stoff, aus dem diese synthetischen Mythen zum Ausverkaufstarif geschneidert sind.

Das Dominantwerden der Zahlen in unserer Lebenswelt ist ein *Sucht*phänomen und deshalb, wie alle Suchtphänomene, ein *Flucht*phänomen; ein Phänomen jener längst in Gang befindlichen *großen Flucht in die Vergleichbarkeit*. Wir sind des Besonderen überdrüssig; wir halten das Einmalige nicht mehr aus. Zur

Hölle mit jenem unsäglichen Zwang, eine singuläre Ausgabe zu sein, auf immer und ewig ein Original. Die Strafe für die Sabotage am Original bezahlen wir gern: Die Existenz als Nummer vermindert den Zwang zum Existieren, unter den man uns ungefragt gestellt hat. Jawohl, wir sind bereit, den Preis für die Preisgabe der Vielfalt zu entrichten; daß der Wechsel, den wir unterzeichnen, auf Einfalt lautet, schreckt uns nicht!

Der Rekord oder
Die Wiederaufarbeitung des Irrtumsrisikos

Und dennoch: der Rekord im Sport und anderswo, er registriert ein Beben der Unsicherheit, ein reflexartiges Zurückbäumen vor dem Verlöschen des Eigenen. Während Zahlen, wie nichts sonst, das Eigene löschen, bewahrt *die Zahl*, im Singular, die *eine* magische Marke, die für den Rekord steht, wenigstens die Erinnerung an jenes Eigentliche des Eigenen.

Im zahlenförmig fixierten Redord gewinnt für einen Augenblick das *Einzel*ereignis seine Gültigkeit: allerdings nicht als Situation mit ihren unverwechselbaren Umständen, ihren Stimmungen, ihren glücklichen und fatalen Beimischungen. All dies ist in der abstrakten Rekordmarke nur noch auf gänzlich unverläßliche Weise »aufgehoben«. Schon die Ablösung des alten durch den unaufhaltsamen neuen Rekord nimmt jenem die Aura des Unvergleichlichen, indem sie ihn einreiht und ihn, eine Ziffer zwischen Ziffern, wieder nach oben wie nach unten vergleichbar macht.

Im Rekord überlebt also – für kurze Zeit – das Gedächtnis an das Einmalige des mit allen anderen »vergleichbaren« Resultaten Unvergleichbaren. Mit der Institution des Rekordes etablieren wir eine »absolute« Zahl, eine Zahl außerhalb aller Zahlen; eine Zahl, für welche die Restriktionen aller übrigen außer Kraft gesetzt sind. Eine Zahl ironischerweise, die, solcherart exponiert, den Irrtumsneutralismus der übrigen Zahlen durchbricht und sich als »besondere Zahl« dem »Irrtumsrisiko« erneut aussetzt. Der Rekord ist die Wiederaufbereitung des Irrtumsrisikos auf der Basis seiner endgültigen Abschaffung.

Der Reiz des Rekordes ist also ein doppelter: zum einen der des

»überwundenen« und zum anderen der des neu »riskierten« Irrtums. Wer den Rekord hält, flieht und hält stand zugleich, gibt sich auf – und seine Geschichte – und gewinnt zugleich beides; verschwindet und tritt hervor, macht sich vergleichbar und gewinnt dennoch (auf Zeit) ein Unvergleichliches.

Bürgerinitiativen oder
Die Wiedergewinnung der Irrtumschance

Je gewisser die Welt, je eindeutiger die Strukturen, je präziser gefaßt die Zwecke, um so unvermeidlicher werden Irrtumsvermeidungszwänge. Der Irrtumsvermeidungszwang gehört zum Verhaltensrepertoire des »Habens«, nicht des »Seins« (Erich Fromm). Wer *hat* – Schiffe, Schafe, Schornsteine oder Kolonien –, der hat Angst zu verlieren, er sucht alles niet- und nagelfest zu machen und jeden Irrtum auszuschließen; wer *ist*, wer leben will und erleben, wird unweigerlich irren, ja, er sucht den Irrtum. In ihm findet er die Steigerung des Daseins, die Intensivierung seines Lebensgefühls.

Bezeichnenderweise ging und geht es in den großen Streitfragen und Konflikten, die von den Bürgerinitiativen und alternativen Gruppierungen angestoßen wurden, so gut wie nirgends um den klassischen »Haben-Konflikt«, also um Einkommens-, Verteilungs- und Statusfragen, sondern stets um neuartige »Seins-Konflikte«: um andere Formen des Lebens und Zusammenlebens. Bürgerinitiativen und verwandte Gruppierungen proben und propagieren ein experimentelles Welt- und Politikverständnis. Sie kämpfen für die Reetablierung autonomer Irrtums- und Erfahrungschancen. Diese gedeihen nicht in der Welt der »großen Strukturen«. Dezentralisation, »kleine« und »mittlere« Technologien, Bürgermitwirkung auf allen Ebenen mildern und neutralisieren bestehende Irrtumsvermeidungszwänge. Der Kampf gegen die bürokratisierte, übertechnisierte Großgesellschaft ist auch ein Kampf um die Wiederaneignung der sinnlichen Wahrnehmung und die »Rekonstruktion der Urteilskraft«.

Die Bürgerinitiativen und verwandte Gruppierungen der Ökologie-, Alternativ- und Friedensbewegung sind Teil des umfassenden Kultur- und Zivilisationswiderstands, der über den engeren

Kreis der Mitglieder und Aktivisten dieser neuen Bewegungen weit hinausreicht. Gemeinsam ist diesen sehr heterogenen Gruppierungen der Einspruch gegen den überstürzten Abmarsch in eine Welt, die den menschlichen Dimensionen nach dem Kleinsten wie nach dem Größten hin davonwächst.

»Learning by doing« oder Erfahrung ist nicht vererbbar

Der Aufstand der Bürgerinitiativen gilt der Erhaltung einer kommunalen und regionalen Welt mit Strukturen, die noch spontane Initiativen »von unten« zulassen, in der Teilhabe an der Politik noch in der ersten Person Singular möglich ist. Die Initiativenbürger sind nicht nur ausgezogen, *andere* das Fürchten zu lehren, sondern mehr noch, *selbst* Erfahrungen zu sammeln und aus eigenen und fremden Fehlern zu lernen; sie beschreiten bewußt den Weg des produktiven Irrtums, sind bestrebt, Strukturen und Verhältnisse zu erhalten und zu schaffen, in denen Versuch und Irrtumskorrektur auf undramatische Weise möglich sind; deshalb ist »small« für sie »beautiful«! Sie propagieren das »Expertentum der Laien«, huldigen einem nichtprofessionellen Politikverständnis und favorisieren ein experimentelles Suchverhalten, welches auch das eigene Selbstverständnis, die eigenen Strukturen und Überzeugungen einbegreift. Sie wissen, zunächst eher intuitiv, *wogegen* sie stehen; von dieser negativen Gemeinsamkeit des Ausgangspunkts bis zur selbstgewissen, mit Gründen vorgetragenen programmatischen Forderung ist es meist ein weiter und selten mit wenigen Irrtümern gepflasterter Weg. »Lernen im Widerstand« nennen sie das bisweilen selber. »Learning by doing« lautet die allgemeinere Formel für diesen ausgeprägt theoriescheuen Praktizismus.

Ein anschauliches Beispiel dafür, wie sehr man das Prinzip von Versuch und Irrtum selbst als allgemeinen Erkenntnisweg versteht, den man auch im eigenen politischen Lernprozeß beschreitet, bietet die Entwicklung der zentralen Parole des Wyhler AKW-Widerstands: »Kein Kernkraftwerk in Wyhl!« Das war der trutzig-bündige Schlachtruf während der ersten, schlagzeilenträchtigen Konfrontationen mit der Staatsmacht Mitte der siebziger Jahre. Zu Beginn der Achtziger hatten sich der Sinn, der politisch-strategische Ansatz wie die zugrunde liegende Psychologie dieser Formel erheblich verändert: »Kein Kernkraftwerk in Wyhl *und auch nicht anderswo!*«, bekundeten jetzt die Spruchbänder und Transparente.

Nein-Sagen ist eine Sache; ein alternatives Konzept der Energieversorgung zu entwickeln, ja, eine von der herkömmlichen signifikant abweichende Antwort auf die Frage zu geben: Wie wollen wir morgen leben?, – dies ist eine ganz andere. Der Lernprozeß, der hinter dieser Motiverweiterung der anfänglichen Widerstandsparole steht, wäre durch nichts ersetzbar gewesen. Dies zu verstehen ist wichtig. Nur die Erfahrung in der Praxis des Widerstands, der Austausch mit Sympathisanten und Kritikern von nah und fern, nur die selbsterworbene Kundigkeit in der Besorgnis, nur eigene Denkbewegung, Bewegung der eigenen Vorstellungswelt konnte jenen Motivschub anstoßen und jene Öffnung bewirken, für die das ». . . und auch nicht anderswo!« steht. Hätte eine »Autoritätsperson« des Widerstands am Beginn der Auseinandersetzungen eine theoretisch anspruchsvolle Rede gehalten, in der sie eben diese Horizonterweiterung eingemahnt hätte, wäre sie nur auf allgemeines Unverständnis gestoßen und hätte Irritationen hervorgerufen.

Erfahrung ist weder durch Theorie noch durch autoritäre Moralappelle zu ersetzen! Man muß sie machen. Sie sei das einzige, meinte der Pädagoge Eduard Spranger einmal, was man nicht weitergeben könne.

Leistungsferne Spieleliten

Den Aussteigern, Leistungsverweigerern und Alternativ-Denkern könnte, vor solchem Hintergrund, durchaus die Funktion einer gesellschaftlichen »Elite« zukommen, ganz so, wie sie Friedrich Engels im »Anti-Dühring« mit der Kategorie der »unbewußten Delegation« kennzeichnet: Jede Gesellschaft bedarf, um sich Adaptivität zu bewahren und sich damit entwicklungs- und überlebensfähig zu halten, einer Minderheit von Menschen, die sich, kraft welcher Eigenschaften, Möglichkeiten oder Umstände auch immer, von den Zwängen ihrer Gesellschaft freimachen und, gleichsam spielerisch-unbewußt, stellvertretend für die vielen, neue Möglichkeiten erproben.

Der große Unterschied zwischen den privilegierten Eliten heute und denen von gestern und vorgestern besteht darin, daß die »alte« Elite auf ihrem Monopol der (arbeits-)freien Zeit beharrte und sich der Organisation der gesellschaftlichen Arbeit weitestgehend versagte; daß also gerade die Unverbundenheit gegenüber dem materiellen Leben ihr »Markenzeichen« war, während für die »moderne« Elite gelten kann, daß sich ihre Mitglieder nach dem Kriterium ihrer produktiven Fähigkeiten rekrutieren; daß ihre Aktivitäten samt und sonders auf die Aufrechterhaltung und Erweiterung des gesellschaftlichen Produktionsprozesses verpflichtet sind. Hatten sich die Eliten von gestern angewidert von der Bühne der Arbeitsgesellschaft abgekehrt, so sind die Eliten von heute zu ihrem unentbehrlichen Protagonisten geworden. Dieser Wandlungsprozeß, der auch die Eliten auf Arbeit und Notwendigkeit einschwört, droht die Gesellschaft ihres traditionellen Mutationspotentials zu berauben. Aus dem Antipoden der Arbeitsgesellschaft ist ihr organisierender Generalstab geworden. Vor diesem Hintergrund der Metamorphose gesellschaftlicher Eliten gewinnen »die Alternativen« ihre kulturrevolutionäre Bedeutung.

Wer weiß, ob nicht in manchem stillen Winkel der Alternativszene im Schatten der »offiziellen« Ökonomie an eben jenen Rettungsbooten gebastelt wird, die uns eines Tages über Stürme und Flauten hinwegretten könnten. Wer weiß, ob nicht vielleicht in der Wiederaneignung elementarer Lebenszusammenhänge, in der Wiederentdeckung der Haus-, Heim- und Gartenarbeit, dem Streben nach Autarkie in der Versorgung mit Lebens-Mitteln: Nahrung, Kleidung, Dach überm Kopf, der Kindererziehung, dem »gelebten Generationenvertrag«: dem solidarischen Zusammenwohnen von Alt und Jung in großfamilienähnlichen Gemeinschaften, im neuen »partnerschaftlichen«, kontemplativ geprägten Umgang mit der Natur, in der Rückeroberung und Verteidigung einer autonomen Bedürfniswelt quer zur hochneurotischen Welt sich fortzeugenden Konsumwohlstands, in der Fähigkeit zur freiwilligen »Askese«, ja zu einer gefühls- und gedankenmächtigen »Kultur der Armut«, – ob nicht in all dem Elemente dessen vorweggelebt, exemplarisch »ausprobiert« und durchgespielt werden, was diese Gesellschaft morgen zum Überleben braucht.

Der Zwang zum Experten

Von Wyhl über Gorleben bis Wackersdorf – wo immer sich im zurückliegenden Jahrzehnt Bürger zu Worte meldeten, wirkte ihre Betroffenheit als unüberbietbarer Lehrmeister. Wer bei großtechnischen Entscheidungen mitreden will, kommt nicht umhin, sich mit Sachkunde zu wappnen. Doch so sympathisch dieser ungeplante bildungspolitische Nebeneffekt zunächst erscheint – er ist nicht unbedenklich, weil er ungewollt auch das erzeugt, was Bürgerinitiativen gerade bekämpfen: die Ausbreitung der Expertokratie, und sei es in Gestalt eines bürgernahen Gegenexpertentums. Solange wir uns die »großen Strukturen« in der Wissenschaft, in der Wirtschaft, in der Technik und in der Organisation des menschlichen Zusammenlebens leisten, so lange sind wir auf Störfallverhinderung und Fehlervermeidung festgelegt – und damit zum Expertentum verpflichtet! Diese dem Menschen zugewachsene Pflicht der Reproduktion von Kompetenz ist letztlich irreversibel. Doch dies ist eher ein zusätzliches Argument dafür, dieses »Joch« nicht unerträglich schwer werden zu lassen. Wir dürfen nicht zu abgestumpften Zugtieren im Geschirr eines von uns nur noch exekutierten und verwalteten Prozeßprogresses werden. Wollen wir Irrtumschancen bewahren oder wiederherstellen, müssen wir bei der Auseinandersetzung um fehlerträchtige Großtechnologien stets ein doppeltes Ziel im Auge behalten: Der Erwerb von kritischer Kompetenz muß ergänzt werden durch das Bemühen um die schrittweise *Entpflichtung* vom Zwang zum Experten durch Strategien strikter *Vereinfachung*.

Verantwortung durch gleiche Ungewißheit aller

Ein Übermaß an »zwingender« Gewißheit nimmt uns nicht nur Freiheit, sondern beschädigt auch Würde und Glaubwürdigkeit. Die Bürgerinitiativen um Wyhl haben seinerzeit den von sozialethischen Erwägungen John Rawls' inspirierten Vorschlag gemacht, man solle doch, versuchsweise, bundesweit die Bevölkerung über den Bau von Kernkraftwerken abstimmen lassen, jedoch auf den Stimmzetteln vermerken, daß diejenigen Regionen mit der größten Zustimmungsdichte auch damit rechnen müßten, bevorzugt zu Standortehren zu gelangen. Das zugrunde liegende Kalkül ist klar erkennbar: Zwischen betroffenen und nicht-betroffenen Entscheidungsbefugten wird ein moralisches Dignitäts- und wohl auch ein politisches Kompetenzgefälle vermutet, welches nur dadurch außer Kraft gesetzt werden kann, daß *alle* unter dem »Schleier der Unwissenheit« (John Rawls) ihre Entscheidung treffen müssen. So wird jeder als potentieller Risikoträger, der er nun ist, gezwungen, sich zu engagieren, jedenfalls aber sich selbst ein Bild von Risiko, Notwendigkeit und Nutzen der geplanten Technologie zu machen. Man rechnet – wohl zurecht – mit einer sinkenden Zustimmungs- oder Hinnahmebereitschaft für den Fall, daß der einzelne nicht mehr sicher sein kann, nicht auch selbst zu den erstrangigen Risikoträgern zu gehören. Erst ein Abstimmungsmodus, der mit Blick auf die Risikoteilhabe »Gleichheit« – nämlich Gleichheit der Ungewißheit – herstellt, sorgt für ein glaubwürdiges Abstimmungsergebnis.

Dies ist ein sehr einleuchtendes Beispiel dafür, daß erst die (Wieder-)Herstellung relativer Ungewißheit den verantwortungs-bewußten Gebrauch der Freiheit *nötig* und damit *möglich* macht. Mit Gewißheiten, zumal, wenn sie uns nicht allzusehr wehtun, finden wir uns schnell ab. Ungewißheit, Risiko und Möglichkeit des Irrtums nötigen uns zur bewußten Entscheidung.

Die Pflichten des Irrtums sind die Lasten der Existenz

Die Pflichten des Irrtums und die Lasten der Existenz sind eins. So wenig sich das Sein bestreiken läßt, weil es unverfügbares Sein-*müssen* ist, so wenig der Irrtum: Sich dem Irrtum verweigern *ist* der Irrtum. Gontscharows monumentale Figur des Oblomow aus dem gleichnamigen Roman, um die Mitte des vergangenen Jahr-hunderts entstanden, hat alle Aussichten, postum zu einem der Titelhelden unserer Epoche zu werden. Er, der monomane Ver-weigerer und obsessive Faulpelz, der Luft, Licht und Leute scheut und sein Leben im Liegen verbringt, muß erkennen, daß seine Revolte wider das Sein unwiderruflich an die eigene Existenz gekettet bleibt: Er *muß* existieren, muß, mit Sartre gesprochen, »trinken, ohne Durst zu haben« (1961, S. 55). Wahrscheinlich ist, was wir so verzweifelt betreiben, gar nicht die Befreiung *des*

Selbst, sondern die Befreiung *vom* Selbst, von jener Urknecht-schaft, die nicht vom anderen kommt, die ich mir stündlich selber bin. Hinter der Flucht in Lethargie und Passivität, hinter Fern-sehsucht und Flippern, hinter Computerspiel und Spielkasino, hinter dem grellbunten Paravent simulierten Da- und Dabei-Seins lauert etwas viel Grauenvolleres, für das Langeweile nur ein gedankenloser Euphemismus ist: der Überdruß am Überfluß des Seins, der nächtliche Schauder, von diesem »schwarzen Loch« einer Existenz ohne Ränder und harte Kanten aufgesogen zu werden. »Denn schaut man hinter ihre konjunkturellen Anlässe, dann sind Faulheit und Müdigkeit metaphysische Schmollereien, Momente, in denen der Existierende der Existenz grollt, weil er das Gefühl hat, ein für allemal in der Falle zu sitzen. Es wird ihm klar, daß er nicht in Sicherheit ist, wenn er sich setzt, sondern weiterhin die Last seiner Existenz tragen muß: ›Das Ich ist immer mit einem Fuß in seiner eigenen Existenz gefangen. Draußen im Verhältnis zu allem, steht es drinnen im Verhältnis zu sich selbst, ist es an sich selbst gebunden. An die Existenz, die es angenom-men hat, ist es für immer gekettet. Diese Unmöglichkeit für das Ich, kein Selbst zu sein, kennzeichnet die grundlegende Tragik des Ichs, die Tatsache, daß es unlösbar mit seinem Sein verbunden ist.‹« (Alain Finkielkraut, 1987, S. 22 f.; Zit. i. Zit.: E. Lévinas)

Gegenwartsflüchtigkeit

Um ja dem Irrtum nicht zu begegnen, irren wir zwischen den Zeiten umher; statt an die einzige Zeit zu denken, die wirklich uns gehört, rüsten wir uns mit den lebensfernen Gewißheiten des Nicht-Gegen-wärtigen: des Vergangenen oder des Künftigen. »Nous ne nous tenons jamais au temps présent«, »wir halten uns niemals an die Gegenwart«, klagt Pascal in den »Pensées«. Das Gegenwärtige, das wir meiden, ist *lebendige* Gewißheit, also: Ungewißheit des Leben-digen. Die eskapistischen »Gewißheiten«, denen wir nachjagen, die der Zukunft wie die der Vergangenheit, sind Gewißheiten zum Abheften, nicht zum Aushalten. Anders die Gewißheit des Gegen-wärtigen, gewissermaßen die »Gewißheit live«: eine Gewißheit, in der Leben pulsiert und mit seinen Nötigungen und Launen Stel-lungnahmen von uns erpreßt und Entscheidungen erzwingt.

Wenn wir zur Gegenwartsflüchtigkeit neigen, so bedeutet dies, daß wir der Ungewißheit zu entkommen trachten, daß wir aber für Entscheidungen unter Bedingungen des Irrtumsrisikos zu müde sind oder zu ängstlich oder beides. Ganz im Gegenwärtigen zu stehen, hieße, das Ungewisse auszuhalten, ohne sich an die Gewißheiten des Gewesenen zu heften und ohne sich mit den nicht dementierbaren Gewißheiten des Künftigen den Rücken zu stärken.

»Jeder prüfe einmal seine Gedanken; er wird feststellen, daß wir alle mit der Vergangenheit und mit der Zukunft beschäftigt sind. An das Gegenwärtige denken wir fast überhaupt nicht . . . Das Gegenwärtige ist niemals unser Ziel . . . Daher leben wir niemals, sondern wir hoffen nur zu leben; und weil wir uns immer auf ein kommendes Glück hin einrichten, ist es unvermeidlich, daß wir niemals glücklich sind.« (Ebd.)

Die Löcher im Boden oder Aktiv geht die Welt zugrunde

Mit unseren »Siegen« über den Irrtum ist es – nach einem berühmten Diktum Churchills – wie mit dem Krieg: Kriege, meinte er, würden grundsätzlich nie gewonnen, sondern stets nur verloren. Auch der Kampf wider den Irrtum trägt uns nur Pyrrhussiege ein. Er ist nicht zu gewinnen, es sei denn, wir sehen, mit E. M. Cioran, »das höchste Vorrecht« (1978, S. 117) des Menschen darin, »aktiv« zugrunde zu gehen: »Sich hinsterben lassen bezeugt Schwäche; sich selbst vernichten ist Zeichen von Kraft.« (1972, S. 130 f.)

Daß wir meist nicht zu erkennen vermögen, wieviel treffender der »Sieg« über den Irrtum als eine Niederlage des Lebens zu beschreiben ist, hängt mit einer spezifischen Eigenart zusammen, welche diesen »Siegen« anhaftet: ihrer Fähigkeit, sich auf schwer durchschaubare Weise von der Kostenseite der Bilanz zu dispensieren. Wir nehmen beim technischen Fortschritt meist nur die bewundernswerten Wirkungs- und Ordnungssteigerungen wahr, die »Löcher im Boden«, die verpestete Luft, die vergifteten Gewässer, – also die Zunahme an »Unordnung« und die Wirkungsverluste bilanzieren wir gesondert, wenn wir sie überhaupt registrieren. Die Verbannung des Irrtums, als die wir den Prozeß der wissenschaftlich-technologischen Welteroberung beschrieben haben, kann nur deshalb als *Erfolg* bilanziert werden, weil die Verhängnisse und die schwer reversiblen Irrtümer, mit welchen uns dieser Bann geschlagen hat, anderen angelastet werden. Wir leisten uns auch in der analytischen Bilanz des Fortschritts noch immer jene isolierende Betrachtungsweise, welcher das Irrtums-verbot selbst seine Plausibilität und seine begrenzte Wirksamkeit verdankt. Welche Kosten uns die Wiederherstellung des in der Produktion und im Massenkonsum verbrauchten natürlichen Reichtums auferlegt, ist auch noch nicht annähernd zuverlässig berechnet. Eine »volkswirtschaftliche Gesamtrechnung«, in wel-cher der Wert der verbrauchten Landschaft, der verschmutzten Luft und des verunreinigten Wassers nicht in der Kostenrubrik auftaucht, ist keine. Sie ist keine Gesamt-, sondern eine Teilrech-nung. Für sie gilt, was auch für die »Halbwahrheit« gilt: Sie ist die schlimmste Form der Unwahrheit, weil sie, zu Unrecht, parasitär am Prestigewert der Wahrheit partizipiert.

VI. Die Schrecken des Jahres 2000: Der (un)aufhaltsame Weg in die Irrtumskatastrophe

Vor uns die guten Jahre oder
Nach uns die Sintflut?

Ging's uns nicht eben gerade noch gold? Lebten wir nicht in der zweitbesten aller Welten, relativ sicher, relativ frei und relativ wohlstandsgesegnet? Und haben wir nicht, gleichsam über Nacht, die irritierende Einsicht zu verdauen, daß man auch sicher, frei und wohlstandsgesegnet in die Katastrophe schlittern kann? Die »apokalyptischen Reiter«, die sich am Fluchtpunkt zur neuerlichen Jahrtausendwende im Horizont zeitgenössischer Angstvisionen versammeln, erscheinen eigentümlich schattenhaft, flüchtig und unwirklich, so schnell sind sie, von niemandem in dieser Formation wahrgenommen, heraufgaloppiert.

Ist es wirklich erst knapp drei Dekaden her, daß wir uns noch allesamt, von Fortschrittsskrupeln und Selbstzweifeln nicht im mindesten angekränkelt, einzig der »amerikanischen Herausforderung« (so der Titel des seinerzeitigen Bestsellers von Jean-Jacques Servan-Schreiber) glaubten stellen zu müssen; daß wir mit der allergrößten Selbstverständlichkeit auf großtechnologische Wachstums- und Modernisierungsrezepturen als dem universalen Heilmittel für alle denkbaren Übel dieser Welt vertrauten?

In der Tat ist es nicht ganz falsch zu sagen, daß dieselben Bedingungen, die für Katastrophen und Gefahren verantwortlich sind, unter Umständen auch die faszinierenden Möglichkeiten einer menschlicheren, glücklicheren Zukunft eröffnen. Die Erschütterungen und Krisen von heute künden vielfach von beidem zugleich: vom Ende der alten und der Morgenröte einer neuen, von Grund auf anderen Zivilisation – aber eben auch von etwas Drittem, bis dahin gänzlich Unerhörtem: der Möglichkeit des Rückfalls der gesamten Gattung ins Nichts.

Vor uns also die guten, die bösen oder gar die letzten Jahre? Unbestreitbar scheint, daß der »zivilisierte« Teil der Menschheit dabei ist, mit verblüffender Konsequenz die Bedingungen der eigenen Existenz zu untergraben – dafür läßt sich in der Tat eine stattliche Reihe von Argumenten und Beobachtungen benennen. Daß die Krisen und Erschütterungen, die wir erleben, zugleich die Geburtsstunde einer neuen Weltzivilisation sind, und wir alle, egal ob wir's nun auch wissen und wollen, dabei sind, eine neue Sprosse auf der steilen Leiter eines umfassenden Humanprogresses zu erklimmen – als Basis solcher Erwartungen müssen wir uns vorderhand mit dem Prinzip Hoffnung begnügen.

Doch welche Hoffnungen sind hier eigentlich am Platze? Hat der Mensch nicht immer ohne Rücksicht auf Verluste einfach alles gemacht, was er, im technischen Sinne, machen konnte? Was könnte ihn plötzlich zur weisen Wahl befähigen, was ihn zum humanen Gebrauch seiner ins Gigantische gewachsenen technischen Möglichkeiten bewegen?

Die Schrecken des Jahres 2000

Die Prophezeiung, das Ende der Zeiten sei nahe, der Abend der Welt breche an, hat wohl immer schon individuelle Ängste und Obsessionen zu großen kollektiven Angstsyndromen gebündelt. Aber kann man so ohne weiteres über die Jahrtausende hinweg vergleichen? Ist nicht jede Epoche auch mit ihren Ängsten stets »unmittelbar zu Gott«? Hat nicht jede Epoche ihre eigenen Ängste, ihren eigenen Umgang mit der Angst? Lassen sich die »Schrecken des Jahres 2000« so ohne weiteres mit dem relativierenden Hinweis auf die Schreckensschimären von einst, die legendären »Schrecken des Jahres 1000« widerlegen oder gar bannen? Ist, was wir an Zukunftsbesorgnis, Katastrophenfatalismus, an Kriegsangst, Endzeitstimmung, Fortschrittsskepsis und Kulturpessimismus in der zeitgenössischen Stimmungslandschaft ausmachen können, wirklich nichts anderes als ein Reflex auf die sanfte Magie der runden Zahl, die geläufige Schwellenangst beim Eintritt in eine neue Zählepoche?

Kollektive Ängste, Schrecken und Erschütterungen haben nie alle Zeitgenossen gleichermaßen betroffen. Auch für die Kulminationspunkte der Unordnung, Wirrnis und Angst gilt wohl eher, daß sie Ausdruck eines gespaltenen Bewußtseins sind; daß diese Spaltung nicht nur die einzelnen Mitglieder einer Gesellschaft in unversöhnliche Lager teilt, sondern daß sie auch oft durch ein und dasselbe Individuum hindurchgeht, Persönlichkeiten »spaltet«. Wer ertappt sich gegenwärtig nicht gelegentlich dabei, daß er seine Argumente im einen Fall aus tiefster Skepsis über den Lauf der Dinge bezieht, während er sich im anderen Fall mit elementarem Fortschrittsvertrauen wappnet? Ungleichzeitigkeiten lähmen die Urteilskraft und zwingen die Gegensätze in dichteste Nachbarschaft. Und so kommt es zu höchst paradoxen Koalitionen: Wir finden die »Affirmation aus Skepsis« ebenso wie den »Optimismus aus Verzweiflung«.

Es gibt kein einheitliches Zeitbewußtsein, weil nicht alle Zeitgenossen gleichermaßen am »Zeitbewußtsein« partizipieren. Vielleicht hat der Streit unter den Historikern, ob der »Untergang der Antike« auch im Bewußtsein der Zeitgenossen (als Katastrophe) stattgefunden hat oder ob das Problem von Niedergang und Fall der antiken Welt nur ein »modernes Problem« in den Köpfen der Nachgeborenen repräsentiert, ob die »Schrecken des Jahres 1000« nur eine späte »Erfindung« der Romantik sind oder ob sie tatsächlich eine machtvolle Zeitströmung repräsentierten, auch hierin eine seiner Ursachen.

Die »Schrecken des Jahres 2000« sind um vieles realer, greifbarer, einsichtiger, vor allem aber von anderer Dimension nach Wirkung und räumlich-zeitlichem Ausgriff. Sie sind auch nicht einfach durch den Hinweis auf chiliastische Motive der aktuellen »Endzeitkampagne« zu widerlegen, ebensowenig durch vage und gewagte Kreuzzugsparallelen zwischen den »alternativen« Morgenlandfahrern des Hochmittelalters und den Öko-Alternativen der zeitgenössischen Szene (P. Hofstätter). Es existiert bezüglich der aktuellen »Schrecken« ein in diesem Ausmaß in allen denkbaren Vergleichsfällen völlig unbekanntes Maß an Übereinstimmung zwischen Wissenschafts- und Laienkritik. »Global 2000« etwa, der längst zum weltweiten Bestseller avancierte »Bericht an den Präsidenten« der Vereinigten Staaten, bestätigt auf systematischer Basis und im Großen letztlich auch nur, was im Kleinen Bürgerinitiativen, Lebens- und Umweltschutzgruppen, zum Teil auch die Dritte-Welt- und Friedensbewegung geltend machen.

»Global 2000« ist schon wegen seiner modellhaften Beschränkungen und Verkürzungen keine »Prophezeiung« im Sinne einer hellsichtigen Vorwegnahme dessen, was unaufhaltsam kommt.

Im Gegenteil: Die Motivation hinter den Zahlen, Tabellen und Schaubildern ist gerade die Hoffnung, daß solche »katastrophalen« Prognosen Tatkraft, Phantasie und weltweite Kooperationsbereitschaft herbeizwingen, damit endlich etwas geschieht, auf daß nicht eintritt, was eintreten muß, wenn nichts geschieht!

Wenn nichts geschieht, dann wird der kleingeschrumpfte Erdball ums Jahr 2000 nicht mehr nur 5 Milliarden Menschen wie noch heute, sondern 6,35 Milliarden zu (er)tragen haben; um 2030 wäre die 10-Milliarden-Grenze erreicht; gegen Ende des nächsten Jahrhunderts wären wir mit der gänzlich unvorstellbaren Menschenballung von 30 Milliarden bei der von der National Academy of Sciences errechneten alleräußersten Grenze der Erdbelastung angelangt.

Die kaum gebremste Zunahme der Erdbevölkerung ist zumindest mit ursächlich für die meisten der sich immer bedrohlicher verdichtenden »Bereichskatastrophen« und »Bereichskrisen«: Trotz stärker steigenden Wirtschaftswachstums in der unterentwickelten Welt wird die Kluft zwischen arm und reich real größer, weil die Bevölkerungslawine alles zunichte macht; die Nahrungsmittelproduktion wird bis 2000 um über 90 Prozent steigen, und doch wird, der ungleichen Verteilung und der vielen neuen Mäuler wegen, die es zu stopfen gilt, der Hunger in der Dritten Welt nicht weniger. In bestimmten Gebieten Afrikas und des Mittleren Ostens wird er wohl eher noch zunehmen. Für die höheren Ernteerträge sind wiederum Faktoren verantwortlich, die in hohem Maße die Umwelt belasten: Düngemittel, Herbizide, Pestizide, aufwendige Bewässerungssysteme, Maschineneinsatz, der wiederum vom Erdöl und Erdgas abhängig ist; der Teufelspakt mit der Chemie, mit dessen Hilfe die Landwirtschaft ihre Rekord-Ernten einfährt, ist zusammen mit anderen umweltbelastenden Faktoren wie der steigenden Kohlendioxydkonzentration in der Luft und den ozonvernichtenden Chemikalien in der Atmosphäre für schwer abzuschätzende Boden- und Klimaveränderungen verantwortlich; der verdoppelte Wasserverbrauch auf nahezu der halben Erdkugel führt unter Umständen zu drastischer regionaler Wasserverknappung, zu einem Absinken des Grundwasserspiegels, der natürlich auch sinkt, weil man etwa 40 Prozent der heute noch vorhandenen, unsere Atemluft besorgenden »grünen Lungen«, der tropischen Regenwälder Afrikas, Asiens und vor allem

Südamerikas, abholzen und brandroden wird, was man wiederum tut, weil man in manchen Gegenden vom Holz als Brennstoff abhängig ist, oder aber weil man neue landwirtschaftlich nutzbare Anbauflächen braucht; die Wälder auf der Erde verschwinden so – wo sie nicht dem »sauren Regen« infolge gesteigerter Verwendung fossiler Brennstoffe (Kohle vor allem) zum Opfer fallen – mit geradezu unvorstellbarer Geschwindigkeit (jährlich ein Gebiet von der halben Größe Kaliforniens!); die Wüsten dehnen sich weltweit aus als Folge von Erosion, Versalzung, Alkalisierung und Versumpfung (jährlich etwa ein Gebiet von der Größe des US-Bundesstaats Maine!); durch schlichtes Niedermetzeln wie durch die Zerstörung der natürlichen Lebensräume wird das Tier- und Pflanzensterben dramatische Formen annehmen: Hunderttausende von Arten, vielleicht 20 Prozent aller überhaupt lebenden Tier- und Pflanzenarten werden das Jahr 2000 nicht mehr erleben und sind unwiederbringlich verloren; Atemluft und Wasser verlieren ihre Brauchbarkeit für Mensch und Tier, Flüsse und Weltmeere werden mit Öl und Abwässern verseucht (wir kippen gegenwärtig etwa soviel Öl ins Wasser, wie vor 50 Jahren an Ölmengen auf den gesamten Weltmeeren bewegt worden ist!), dies verursacht Massensterben unter Vögeln und Fischen; in Pflanzen und Tieren schlagen sich Schwermetalle nieder, Hühner und Schlachtvieh überleben nur noch dank massiver Dosen von Antibiotika, die auf dem Nahrungsweg in unsere Körper gelangen; fast alle unsere Nahrungsmittel enthalten Toxine; die psychische und physische Resistenz sinkt, Krebserkrankungen, Herz-, Hirn- und Kreislaufschäden nehmen überhand; der Lärm und die Hitze in den hoffnungslos übervölkerten Großstädten wachsen (mehr als 400 Städte werden im Jahr 2000 die Millionengrenze überschritten haben!); die psychischen Folgeprobleme sozialer Desintegration und immer anonymerer und menschenunwürdigerer Massenballungen in der Megalopolis der nicht mehr fernen Zukunft sind in ihrer Schärfe und ihrem Ausmaß noch gar nicht abzuschätzen: Psychosen, Neurosen, Suizidanfälligkeit, Alkoholismus, Drogenabhängigkeit, Kriminalität, rassische, ethnische, soziale Diskriminierung, Slums und Shantytowns; es ist unschwer zu prognostizieren, daß sich die ganze heraufziehende Menschheitskrise im kommunalen Bereich, in den auf 20 Millionen Einwohnergröße gewucherten

Groß- Bombays, Groß-Kairos, Mexico-Citys, Kalkuttas, Seouls, Delhis u. a. konzentrieren wird, unförmigen, unregierbaren Monstern mit heute völlig unvorstellbaren Problemen im Bereich des Verkehrs, der Wohnraumbeschaffung, der Gesundheit, Sicherheit, Wasser- und Nahrungsmittelversorgung, Abwasser- und Müllbeseitigung, Arbeitsplatzbeschaffung u. a. m.; doch so schlimm die Lage in den städtischen Wucherungs- und Ballungsgebieten sich präsentiert, noch trostloser und elender stellt sie sich in den vernachlässigten ländlichen Gebieten dar . . .

Wir brauchen dieses in der teilnahmslosen Wissenschaftssprache gezeichnete Schreckensgemälde gar nicht einmal um die apokalyptischen Schreckensbilder des globalen Wettrüstens und der waffentechnologisch potenzierten Vernichtungsmacht zu komplettieren, um festzustellen, daß die Menschheit gattungsweit mit der Überlebensfrage konfrontiert ist: In Ost und West, Nord und Süd steht die Uhr der Gattung, mit nur geringfügigen Zeitunterschieden, auf kurz vor Mitternacht.

Beispielloser Vorausgriff auf Zukunft

Die Entscheidungen, vor denen Menschen als Wissenschaftler, Politiker, Wirtschaftler und Ingenieure in vielen Fortschrittsfeldern stehen, sind von einer beispiellosen Reichweite. Selbstverständlich griffen auch die Erbauer der Cheops-Pyramide, griff Alexander mit seinem Eroberungszug nach Indien, Christoph Kolumbus mit seiner Entdeckungsfahrt nach Amerika weit in die Zukunft voraus. Nur – die Protagonisten von gestern wußten nichts davon. Ihr Wissen wie ihre Macht waren noch zu begrenzt, um die entferntere Zukunft in die Voraussicht und gar den »Erdkreis« in das Bewußtsein des eigenen Lebenszusammenhangs einzubeziehen. Wir haben heute eine völlig andere Situation: Wir kennen die Reichweite unseres Tuns, meist allerdings, ohne die ungewollten Nebenfolgen im einzelnen abschätzen zu können. In solcher Situation genügt es nicht mehr, die Rechte des mitlebenden Nächsten zu achten, da wir auch für Generationen über Lebens- und Freiheitschancen heute noch Ungeborener mitentscheiden.

Insgesamt ginge es hier wohl um eine Verbreiterung des bereits in der Erklärung der Menschen- und Bürgerrechte zur französischen Verfassung vom 24. Juni 1793 ausgesprochenen Grundsatzes, daß eine Generation ihren eigenen Gesetzen, Bedürfnissen und Lebensgewohnheiten nicht künftige Generationen einfach unterwerfen kann (Ulrich K. Preuß, 1984, S. 226); es ginge um eine stärkere Betonung des Zukunftsrechts der Nachfolgenden gegenüber dem Gegenwartsrecht der aktuell Lebenden, um so etwas wie eine providentielle Ethik, eine Zukunftsethik, – die Erweiterung gleichsam des Kantschen kategorischen Imperativs um die Zukunftsdimension: Eine Generation sollte den nachfolgenden Generationen nicht unvergleichlich mehr an schwer reversiblen Festlegungen hinterlassen, als sie selbst vorgefunden hat.

Wir stehen heute jedoch in vielen politisch mit zu entscheidenden Fortschrittsfeldern, wie beispielsweise im Bereich der Kernenergie, der Genbeeinflussung, der Datenerfassung und Kommunikationssteuerung, der Verkehrs- und Städteplanung, der Expansion in den Weltraum, der Waffentechnologie, der psychologisch-pharmakologischen Einwirkungen, vor politischen Entscheidungen eines historisch neuen Typs. Die hier zu treffenden Entscheidungen sind infolge ihrer historisch unvergleichlichen Reichweite von vornherein auf seiten der Überstimmten mit dem Bewußtsein der Irreversibilität befrachtet. Jedermann weiß, daß gegen Kernkraftwerke, wenn sie erst mal stehen, »neue Mehrheiten« nichts mehr nützen. Es ist gewiß kein Zufall, daß wir den spektakulärsten Fall schwindender Verpflichtungsfähigkeit der mehrheitlichen Entscheidungsregel gegenwärtig im Bereich der Durchsetzung und des Baus kerntechnischer Anlagen erleben.

Die Mehrheitsregel vermag nur in der Situation des Normalzustandes, des »pouvoir constitué«, ihre legitimitätsstiftende Kraft zu entfalten. In der Situation des »pouvoir constituant«, in welcher der Friedensrahmen der Verfassung verblaßt, läuft sie leer.

Das Mehrheitsprinzip verträgt, nach Reichweite und Zumutungsgrad gegenüber den betroffenen Bevölkerungsschichten, keine »unmäßigen« Entscheidungen. Vor allem müssen Entscheidungen reversibel bleiben, korrigierbar durch jeweils neue Mehrheiten.

Die neue Reichweite der Verantwortung

Keine frühere Ethik hatte mehr als nur menschliche Interessen und Belange, nämlich auch die der außermenschlichen Natur, der »biosphärischen Wirkgesamtheit« zu berücksichtigen. In keiner früheren Ethik spielte die Pflicht zum Wissen und Vorauswissen eine so eminente Rolle. Die Herausforderungen der Gegenwart im Zeichen der Hochtechnologie und der umfassenden Naturbeherrschung bedürfen einer Bändigungsphilosophie, einer technikgemäßen Ethik, die weniger eine »Nächsten-« als vielmehr eine »Fernsten-Ethik« wäre. Gemeint ist damit eine Ethik der Vorausschau und der »Fernverantwortung« (Hans Jonas), die auch die zeitlich und räumlich entferntesten, voraussehbaren, kausalen Wirkungen unseres Handelns berücksichtigt.

Elemente einer solchen Verhaltensethik sind bereits deutlich in der neuen ökologischen Wertorientierung lebendig. Hier äußert sich unverkennbar ein mit-leidendes, mit-empfindendes Verhältnis zur Welt, welches sowohl räumlich, in bezug auf den »Partnerhorizont« der Mitlebenden (beispielsweise der Völker der Dritten Welt), als auch zeitlich, in bezug auf seinen »Zukunftshorizont« (H. Bossel), viel weiter gefaßt ist als die ökonomistische Wertorientierung, die gewiß immer noch die herrschende ist. In diesen neuen Orientierungen ist bereits deutlich die »Bereitschaft spürbar, sich vom erst gedachten Heil oder Unheil künftiger Generationen in seinem konkreten Verhalten beeinflussen und leiten zu lassen« (Hans Jonas).

»Genus humanum conservandum est« könnte als oberster Leitwert über dieser Orientierung stehen. Die Welt zu bewahren, zu verhindern, daß sie eines Tages nicht mehr ist – dies ist die Quintessenz zeitgemäßer Verantwortung. Das Subjekt solcher Verantwortung ist nicht mehr nur der Einzelne, eben weil er nicht mehr als Einzelner Urheber und Täter ist, weil das, was er wollte, fast nie mit dem übereinstimmt, was geworden ist. Die Verständigungsschwierigkeiten, die der Einzelne mit der (Um-)Welt hat, stellen gleichsam ein Urproblem der menschlichen Entscheidungssituation dar, das schon im alttestamentlichen Turmbaumythos Gestalt gewinnt: Alle sind gegen den Babelturm, und doch kommt er zustande.

»Gewissenlos« ist der Einzelne aber auch zwangsläufig deshalb, weil er als Einzelner gar nicht mehr die Verknüpfungen, Umstände und Folgen in Raum und Zeit sich und anderen vergegenwärtigen kann.

Die große Wiederkehr der Angst

Es ist ein mittlerweile längst beifallsträchtiger Topos, in öffentlichen Diskussionen und Foren auf die Ängste von gestern und vorgestern zu verweisen, die stets fortschrittsbegleitenden Schwellenängste vor Großstadt und Eisenbahn, vor Auto und Elektrizität, aber auch die Weltuntergangs- und Zusammenbruchsprognosen all der »falschen Propheten« von Malthus bis Marx. Wird nicht dabei aber häufig übersehen, daß alle diese Ängste und Prognosen sich nur deshalb als »falsch« erwiesen, weil sie so »richtig« waren, das heißt, weil sie Strukturen und Gefahrentendenzen ihrer Zeit völlig zutreffend erfaßten und damit erst die Bewußtseinsbresche für erfolgreiche Konterstrategien schlugen?

Um es unmißverständlich zu sagen: Das relativierende Déjà-vu wirkt schief angesichts von historisch gänzlich unvergleichlichen Herausforderungen, vor denen die Menschheit steht. Wer etwa die atomaren Endzeitbesorgnisse von heute mit dem Hinweis auf die Angst vor den ersten knatternden Automobilen karikiert, hat wenig begriffen von der Wirklichkeit, in der er lebt.

Noch nie zuvor in der Menschheitsgeschichte kannte der Mensch die Möglichkeit der Selbstvernichtung seiner ganzen Gattung, ja der Vernichtung allen Lebens. Die Entfesselung der Kraft des Atoms zwingt uns, wohl auf Dauer in einer von Grund auf gefährdeten Welt zu leben. Die Angst vor der gewalttätigen Willkür der Natur, die wir glaubten durch unser geradezu mirakulöses Können im Felde der Naturbeherrschung gebannt zu haben, steht aufs Neue auf, viel überwältigender und bedrückender, – als Angst vor dem Menschen und seinen Hervorbringungen. Die Angst vor dem Neuen – ist die neue Angst vor uns selbst, die in dieser radikalen Konsequenz globaler Selbstgefährdung unsere technisch inkompetenten Vorfahren nie zu haben brauchten. Der Zweifel sitzt tief, ob unser Können wie unsere Moral mit den unvergleichlichen technischen Möglichkeiten Schritt halten.

Weltgeschichte als Weltgericht

Das auf Schiller zurückgehende, von Hegel gebrauchte Wort von der »Weltgeschichte«, die das »Weltgericht« ist, klingt für viele zeitgenössische Ohren wieder höchst plausibel. Geschichte als »Haus ohne Hüter«, Weltgeschichte – ein Tribunal, dem kein Richter vorsitzt.

Nicht nur die neue Militanz der Friedfertigen buchstabiert Geschichte wieder in der Perspektive eines selbstbewirkten Eschaton, auch für viele Grüne, Alternative, fortschrittsfrustrierte Konservative, aber auch für eine wachsende Minderheit schlicht zukunftsbesorgter Bürger ist die Geschichte an einer Wendemarke angelangt, von der an alles weitere Voranschreiten wie bisher absehbar in die Katastrophe führen muß.

Wird so aus der Not subjektiver Ängste und Orientierungsdefizite unversehens die große Tugend der kollektiv herbeigebangten Apokalypse? Mag eine solche Interpretation durchaus im Sinne massenpsychologischer Einsichten bedeutsam sein – der verbreiteten Endzeitstimmung vieler Zeitgenossen wird sie nicht gerecht. Die »große Wiederkehr der Angst« vermag nicht zu begreifen, wer die Quellen dieser Angst, die angsterzeugenden Strukturen der Wirklichkeit, nicht zur Kenntnis nehmen will.

Die größte anzunehmende Irrtumskatastrophe gewinnt gerade in ihrer eigentümlichen Unwirklichkeit beklemmende Aktualität: Weil wir uns auf gar keinen Fall irren dürfen, müssen wir jederzeit auf alles gefaßt sein. Hinter der sichtbaren Wirklichkeit entsteht eine zweite, unsichtbare Wirklichkeit der Gefahr, die wir »handelnd« und »erfahrend« nicht bewältigen können, da sie sich dem Medium des Irrtums: der Gravitation unserer Sinne, entzieht.

Forsches Pfeifen im dunklen Tann mag die Gänsehaut kurieren – eine empfehlenswerte Rezeptur gegen die atomaren Urängste der Nachgeborenen von Hiroshima und den Horror nuklearer Vernichtungsmittel ist es gewiß nicht. Die Analytiker atomarer Drohpolitik machen ihre ansonsten überaus plausible Rechnung unter Vernachlässigung der eigentlich »problematischen Größe« auf: Der Mensch kommt in ihren Kategorien verwalteter Humanität nicht vor. »Mit der Bombe leben« ist – auf Dauer – ein Programm für Zinnsoldaten oder Götter, nicht aber für angstfähige Wesen. Für die Menschen wird es zum Unprogramm, weil es sie unter das

Dauerjoch stets neu erzeugter Angst und stets erneuerter Angst-
verdrängungsleistung zwingt. Viele der tagespolitischen Kom-
mentare zur Friedensbewegung beschäftigen sich mit der Frage,
wie eine so weitreichende Bewegung so abrupt, gleichsam über
Nacht, in fast allen westlichen Industriestaaten gleichzeitig entstehen konnte. Dies alles ist gewiß nicht allein der »Provokation«
durch den Nato-Nachrüstungsbeschluß zuzuschreiben. Wir haben die Friedensbewegung wohl, psychoanalytisch gesprochen,
als die eruptive »Wiederkehr des Verdrängten« zu deuten, als eine
Art Selbstreinigungsprozeß, als eine Art Spannungsabfuhr der
angstgejagten »Kollektivseele«.

Das »Gleichgewicht des Schreckens« schafft ja nicht etwa den
Schrecken ab, sondern gibt lediglich die Gewißheit, daß es dem
anderen nicht besser ergeht als mir selbst: »Wer als erster schießt,
stirbt als zweiter.« Ist dies Politik? Haben wir nicht allzu lange
schon mit Politik verwechselt, was in Wirklichkeit ihre Abdan-
kung ist: die buchhalterische Verwaltung von Angstanteilen, die
Ersetzung der Politik durch ein System der balancierten Angst.

Unser Erschrecken und unser kollektiver Aufschrei im Ge-
wahrwerden eines Fortschritts, der oft eher ein Rückschritt ist,
hat auch seine Ursache darin, daß wir, die wir nach der Aufklärung und nach Hegel und Darwin leben, mit der Vorstellung eines
vielleicht unvermeidlichen Niedergangs nicht mehr vertraut sind.
Für die antiken Autoren, für Hesiod, für Aristoteles, für die
Stoiker, ist es gar keine Frage, daß etwas, das in der Zeit begonnen
hat, auch in der Zeit enden muß. Für uns dagegen ist die Vorstellung von Werden und Entstehen gleichsam naturnotwendig mit
der Vorstellung von Fortschritt verbunden. Wir hängen an unseren »Fortschrittsmythen« (Illich), weil uns ohne sie die Gegenwart schwer erträglich schiene.

Auch unter der Ägide ungetrübter Fortschrittsgläubigkeit war
die Angst nie wirklich gebannt, so perfekt wir sie auch aus unserem
Gesichtskreis entfernten. Sie war stets ein Bestandteil unserer auf
Verdrängung, Versagung und Triebunterdrückung gebauten Gesellschaft. Viele Aspekte unserer notorisch wunschkranken Welt:
Konsumenthemmung, Verschwendungssucht und Jugendlich-
keitsfetischismus dürften in verdrängten Angstgefühlen ihre Wur-
zeln haben, ganz ebenso wie das Imponier- und Potenzgehabe, das
wir als Vertreter einer »überlegenen Modernität« an den Tag legen.

Die Apologeten des Fortschritts haben ihr »avantgardistisches« Selbstbewußtsein immer mit geschichtsphilosophischen Kategorien befestigt, die Fortschrittskritiker dagegen seit Rousseau sich stets auf die bis zur Unwandelbarkeit bedächtige Natur berufen. Diese Konfrontation macht zugleich deutlich, wie sehr Situationen erst durch das Bewußtsein begründet werden, ein wie enges wechselseitiges Bedingungsverhältnis zwischen Krise und Kritik, Krisenbewußtsein und Krisenrealität also besteht.

Die Fortschrittsmythen purzeln nicht ganz von selber vom Sockel. Es sind die Erschütterungen in den Tiefenstrukturen unseres Bewußtseins, unserer Welt- und Selbstsicht, die sie wanken machen. Sie werden fragwürdig »von außen«, einfach dadurch, daß zwei Menschen ein und dieselbe Situation diametral entgegengesetzt zu lesen und zu bewerten beginnen. Was dem einen (noch) Segen ist, ist dem anderen (schon) Fluch. Ungleichzeitigkeit und forcierter Avantgardismus sind die selbstgewirkten Fallstricke des Fortschrittsmythos.

VII. Ohnmacht der Sinne:
Die lebenserhaltende Furcht

Im Entschwinden der Wirklichkeit

Es gibt eine sehr plausible Erklärung dafür, weshalb der Fort-schrittsprozeß so unterschiedlich bilanziert wird: Die schlimm-sten Gefahren, mit denen er uns bedroht, die größten Übel, mit denen er uns schlägt, sind unsichtbar.

Neben vielem anderen hat Tschernobyl auch die Niederlage der lebenserhaltenden Tüchtigkeitsmerkmale offenbar werden las-sen, wie sie grundsätzlicher und folgenreicher nicht vorgestellt werden kann. Die erste »Medienkatastrophe« in der Geschichte der Menschheit hat uns mit unüberbietbarer Eindringlichkeit über die Nutzlosigkeit unseres Bewegungs- und Sinnesapparats aufgeklärt: Was nützen schnelle Beine und ein scharfes Auge wider die atomare Strahlenwirkung? Diese Einsicht verändert die Condition humaine samt der zugehörigen Tauglichkeitsparame-ter und Tugendhierarchien von Grund auf.

Das Schwinden der Sinne – Auge, Ohr, Nase, Zunge und tastende Hand – ist ein Aspekt jenes längst in Gang befindlichen großen Rückzugs der Erfahrung und der Wirklichkeit aus unse-rem Leben. Die *Wirklichkeit* zieht sich aus unserer *Lebenswirk-lichkeit* zurück. Je mehr wir live dabei sind, um so weniger sind wir wirklich dabei. Je mehr der Personen und Dinge werden, die uns beeinflussen und von deren Existenz wir wissen, um so weniger kennen wir sie, um so flüchtiger und unwirklicher werden sie für uns. Die Wirklichkeit weicht vor uns zurück. Je weiter wir in fernste Fernen des Weltalls vordringen, um so winziger wird der wirklich gekannte, sinnlich wahrgenommene und affektiv »be-herrschte« Teil des für uns bedeutsamen Weltzusammenhangs. Das allermeiste, mit dem wir uns wohlvertraut wähnen – die UNO-Vollversammlung und die Lawinengefahr, der Nobelpreis-träger und das Modehaus Dior, der Papst und die CIA –, das allermeiste werden wir für immer nur vom Hörensagen kennen oder – aus der Tagesschau. Die Tagesschau fungiert – wie das Fernsehen überhaupt – als »Realitätspräservativ« in dem doppelten Sinn, daß sie einmal die »risikofreie« Kontaktaufnahme mit der Wirklichkeit ermöglicht, daß sie aber zum anderen den wirklichen, folgenreichen Kontakt mit dem Risiko von »Lebenszwischenfällen« unterbindet.

Was hier als Verlust der Wirklichkeit beschrieben wird, ist die unmerklich wachsende Diskrepanz zwischen subjektiver und objektiver Welt; ist die ungeheure »Schrumpfung« der authentisch erfahrenen Welt. Wir kennen den analogen Vorgang der *Miniaturisierung* aus der Entwicklungsgeschichte der Technik, – das Kleinerwerden, das Schrumpfen der äußeren Größendimensionen bei gleichzeitiger ungeheurer Präsenz- und Wirkungssteigerung: bis am Ende das Kraftäquivalent einer Pferdeherde unter eine Kühlerhaube paßt, die Rechenkapazität ungezählter Rechenautomaten in einem handtaschengroßen Gehäuse Platz findet und die Informationskapazität ganzer Bibliotheken auf fingernagelgroßen Chips.

Technik wird nicht nur unsichtbar, weil sie kleiner wird. Wir »übersehen« sie zunehmend, weil sie in ihren entwickeltsten Gestalten körperangepaßten Verstehensillusionen Vorschub leistet: Waren die mechanischen Großapparaturen mit ihrem Stampfen und Zischen unverkennbar das »ganz Andere« des menschlichen Selbst, so betreiben Elektronik und Kybernetik – in organischer Chemie und Pharmazie das Synthetisieren »körpereigener Stoffe« – einen modernen Anthropomorphismus, der dem technischen Produkt den Charakter der Fremdheit nimmt und seine Integration in die unmittelbaren Lebensvollzüge erleichtert, bis zur nahezu vollständigen Einverleibung von technischem Gerät in den menschlichen Körper (Herzschrittmacher, Kunstherz etc.).

Symbolpolitik

Wenn sich die Wirklichkeit zurückzieht, werden die Ansatzpunkte für authentische Erfahrungen rarer. Die »Welt ohne Wirklichkeit« verbietet auch den »Irrtum live«. Wenn »wir« uns irren, dann nur noch über die politischen Stellvertreter und die Stellvertreterhelden in den Medien.

Wir stoßen überall dort, wo von der Politik etwas erwartet wird, was sie nicht leisten, jedenfalls administrativ nicht erzwingen kann, auf einen neuen politischen Aktivitätstypus: Die demonstrative politische Ersatzhandlung oder die Politik der sekundären Kompensation beseitigt zwar nicht das Übel und löst auch nicht kompensatorisch das Problem – aber sie beruhigt die Gemüter, indem sie sich als Aktivität der energischen Vorbereitung auf Aktivität zu erkennen gibt. »Symbolhandlungen« wie die allenthalben praktizierte »Bewältigung« der Tschernobyl-Katastrophe durch Messen und Kartographieren, wie die Schaffung kompetenzarmer Ministerien oder wie die demonstrativ inszenierte Vor-Ort-Präsenz entschlossen blickender Spitzenpolitiker geben Anlaß zur Vermutung, daß wir erst am Anfang dessen stehen, was das Medienzeitalter an sekundären Kompensationsaktivitäten möglich – und damit wohl: nötig – macht, ganz nach dem Motto: Wo eine Fernsehkamera ist, wird sich doch auch ein politischer Wille finden!

Wissen und Glauben

Das eigentümlich Unwirkliche dieser politischen Ersatzhandlungen angesichts realer einwirkungspolitischer Ohnmacht wurde im Fall Tschernobyl eigentlich nur noch übertroffen von der Unwirklichkeit und – im wörtlichen Sinn – Unfaßbarkeit der ersten Katastrophe in der Geschichte der Menschheit, die für die absolute Mehrheit der von ihr Betroffenen nur in den Medien stattfand; der ersten Katastrophe, die sich den allermeisten ihrer Opfer weder durch sichtbare Zerstörung, noch durch Getöse, Gestank oder irgendeine körperlich wahrnehmbare Attacke mitteilte; der ersten Katastrophe, die zu den allermeisten derer, die sie betraf, nicht durch das Idiom von Gewalt und Vernichtung sprach, sondern ganz in der leidenschaftslosen Sprache der Experten. Zeuge der Katastrophe wurde nicht, wer seinen Sinnen vertraute, nein, allein, wer dem Sprecher am Bildschirm mehr glaubte als dem Ensemble der eigenen Sinne – nur der hatte Teil am Geschehen!

Unser Vertrauen in die Welt der Wahrnehmung und Erfahrung reduziert sich in einer demokratiepolitisch wie anthropologisch gleichermaßen bedenklichen Weise auf das Vertrauen in das Kommunikationssystem, welches uns über diese Welt informiert und ins Bild setzt. Strukturell gesehen gibt es keinen Unterschied zwischen den archaischen Glaubenszumutungen und dem neuesten Regreß auf die »Glaubensdisposition«.

Auch dies gehört zur »Dialektik der Aufklärung«: Je mehr »wir« wissen, um so mehr müssen wir glauben! Angesichts einer zunehmend flüchtigeren Wirklichkeit finden wir uns, inmitten eines technisch-rationalen Sekundärkosmos, plötzlich wieder mit den alten, vorrationalen Anforderungen der archaischen Gesellschaft konfrontiert: Wir müssen wieder glauben wie zu Moses' Zeiten.

Das Wissenschaftliche wird – als das Unbegreifliche schlechthin – zum Neomagischen. Dieser Vorgang wird beispielhaft deutlich, wo wir mit dem Unbegriffenen vertrauten Umgang pflegen – in der neumagischen Sprachmimikry der »Millirem«, »Formaldehyd« und »Becquerel«. Die Verstehens-Illusionen eines medieninduzierten Allerweltexpertentums eröffnen, wenn schon kein Begreifen, so doch die Chance »psychistischer Meisterung« des in handhabbare Alltagsformeln umgegossenen großen Unvertrauten: der publikumsfernen Sekundärwelten, die von hermetischen Expertenkulturen aus Wissenschaft und Technik verwaltet werden. Die notorische Angstverwissenschaftlichung gehört längst zu unserem Alltag. Sie hält die Stelle der animistischen Geisterbeschwörung archaischer Zeiten unter den Bedingungen der medienbegleiteten Wissenschaftsära.

Instruktion statt Erfahrung oder
Der Autonomieverlust der Wahrnehmung

Die von Niklas Luhmann ins Gespräch gebrachte Differenzierung zwischen »Gefahr« und »Risiko«, samt der prinzipiellen Bedeutung, die er ihr beimißt, gewinnt durch die Tschernobyl-Erfahrung nicht gerade an Plausibilität. Im Gegenteil: Nach Tschernobyl ist die Welt wieder eine einzige große, unbegriffene Gefahrenquelle; im Sinne des vom Einzelnen beeinflußbaren und steuerbaren »Risikos« gibt es für niemanden mehr etwas zu riskieren. Was der atomar-industrielle Komplex als Restrisiko bilanziert, wird in der Wahrnehmungsrationalität der Betroffenen zur unbeeinflußbaren Gefahr. Die neuzeitliche *Defatalisierung* der Gefahr zum »Risiko« (Luhmann) weicht der postmodernen *Refatalisierung* des Risikos zur »Gefahr«.

120

Unsere Wahrnehmung hat sich grundlegend verändert, und was vielleicht noch entscheidender ist: Wir *wissen, daß* sie sich verändert hat. Tschernobyl hat nicht nur die Wirklichkeit und unsere Wahrnehmung dieser Wirklichkeit verändert; die entscheidende Veränderung ist die *Wahrnehmung* dieser *veränderten Wahrnehmung*.*

Und *diese* Wahrnehmung ist es auch, welche die von Luhmann vorgeschlagene Differenzierung obsolet macht. Wenn das cartesianische »Cogito ergo sum« die Wirklichkeit unserer *Selbst*erfahrung revolutioniert hat, so Tschernobyl die Wirklichkeit unserer *Welt*erfahrung. Wie nach Descartes' schneidend knapper Dreiworteformel die Wirklichkeit für die damalige Welt eine unvergleichlich andere war als zuvor – weil die Wahrnehmung dieser Wirklichkeit eine unvergleichlich andere war –, so ist auch nach Tschernobyl nichts mehr, wie es vorher war. Alles ist anders, nichts gilt mehr, was galt.

Hatte Descartes' neue Erkenntnisformel die ganze Palette sinnlicher Selbsterfahrung mit einem Schlag außer Kraft gesetzt, Körper, Sinne, Gefühle und Leidenschaften bezüglich der Selbst- und Seinsversicherung radikal entwertet, so tat dies Tschernobyl für unsere Welt- und Wirklichkeitsorientierung. Ob etwas *ist* und wie etwas *einzuschätzen* ist, das ist nicht mehr zu ersehen, zu erhören, zu ertasten und zu erschmecken. Wir haben für unsere Welterkundung Kopf und Hand verloren. Gewißheit über das, was ist, und Urteil darüber, wie es zu deuten ist, können wir nicht mehr *aus uns selbst* gewinnen. Alle mitgeführten Erfahrungen, ja alle Erfahrungen, die der sinnlich-kreatürliche Mensch überhaupt erwerben kann, helfen nicht weiter, sind nicht nur wertlos, schlimmer, sie sind, wenn wir uns fälschlicherweise weiterhin auf sie verlassen, lebensgefährlich. Das Überleben hängt von ganz anderen Informationen ab, die wir nicht auf der Basis von *Erfahrung* gewinnen, sondern auf der Basis von *Instruktion*.

Wenn uns Tschernobyl über eins die Augen geöffnet hat, dann

* Als ich anfangs der achtziger Jahre erstmals diesen Verlust der Wahrnehmungssouveränität beschrieb und seine anthropologischen wie seine demokratiepolitischen Konsequenzen andeutete, hat dies noch kaum jemand wahrgenommen oder begriffen, – wenn man vielleicht von einigen heftigen Gegenpolemiken absieht. Als Ulrich Beck im Tschernobyl-Jahr '86 unter dem Rubrum der »Risikogesellschaft« eine ganz analoge Deutung und Befürchtung aussprach, waren Anteilnahme und Zuspruch in Zunft und Publizistik schon nahezu einhellig.

über das tatsächliche Ausmaß des Autonomieverlustes unserer Wahrnehmung; die Augen geöffnet dafür, wie wenig wir sehen, wenn wir *nur* sehen; die Augen dafür geöffnet, daß gerade das Bedrohlichste, Gefährlichste in unserer Welt nicht zu sehen ist, daß wir es nur noch in der Form einer Kette von Zahlensymbolen wahrnehmen können, die ein komplizierter Meßapparat uns freigibt.

Unsere Wahrnehmung gehört nicht mehr uns. Wir machen sie nicht mehr selber. Über unser Gefahrenbild entscheiden im günstigeren Fall Geigerzähler und Gammaspektrometer. Unsere Gefahrenwahrnehmung ist hoffnungslos tertiär und quartär, die Rückübersetzung in primäre Bedrohungskategorien ist uns so gut wie unmöglich, weil wir mit der Idiomatik anschauungsleerer Zahlenreihen nicht vertraut sind. Was uns von solchen Meßwerten »übersetzt« wurde, verdanken wir Dolmetschern, von denen nicht einer auch nur annäherungsweise selbst das Idiom beherrscht und beherrschen kann, welches er überträgt, da er es noch nie wirklich gesprochen hat! Die Expertenkleider sind – wie »des Kaisers neue Kleider« – ein Illusionsgewand! Der Experte ist keiner, jedenfalls keiner für die Gefahreninterpretation! Er kann es auch gar nicht sein. Von der runden Million synthetischer Stoffe, mit denen wir umgeben sind, wurden ganze fünftausend auf mögliche Risiken für die menschliche Gesundheit hin untersucht. Weitere zwanzigtausend wurden in Tierversuchen getestet. Der Rest ist – Nichtwissen.

Ein guter Experte ist einer, der weiß, was er nicht weiß. Insofern war das Bild, welches die messende und grenzwertorakelnde Expertenzunft im grandiosen Informationswirrwarr des semantischen Tschernobyl-Krisenmanagements bot, eigentlich gar nicht so unsympathisch, jedenfalls aber, in der Summierung individueller Expertenratlosigkeit, sehr realitätsgetreu. Die Wahrheit ist: Gefährlichkeitsgrenzen, Risikozonen, Grenzwerte – sie sind samt und sonders *Konstrukte*, Festlegungen, Vereinbarungen mit einem unterschiedlich hohen Grad an Willkür und sachfremdem Interessenkalkül. Wenn in einem künftigen Katastrophenfall die Informationsregie »besser« sein sollte, weil man sich zwischenzeitlich auf strikte Auskunftskompetenzen und einheitliche Grenzwerte verständigt hat, so heißt das natürlich überhaupt nicht, daß das durch Meßwerte nebst Interpretationsbeigabe gezeichnete Bild der Gefahr »realistischer« und wahrheitsgetreuer ist. Eher ist das Gegenteil zu vermuten. Eine Vereinheitlichung würde ein Wissen, eine zwingende Evidenz suggerieren, wo erfahrungsarme Konvention und Opportunitätserwägungen maßgeblich waren.

Tschernobyl hat lediglich ins Licht des Bewußtseins gerückt, was wir vorher schon hätten wissen können: Die Mehrzahl gerade der bedrohlichsten Gefahren radioaktiver oder chemischer Verseuchung unterlaufen systematisch den Schutzschild unserer Sinne. Wir können lediglich versuchen, uns »künstlich«, in der Vorstellung, ein Bild von der Gefahr zu machen.

Mit Blick auf diesen Vorgang spricht Ulrich Beck zu Recht von der »Enteignung« unserer Sinne: Wir sind taub und blind geworden. Wir sind nicht mehr »bei Sinnen«. Auf alles mögliche können wir uns verlassen, nur nicht mehr auf dieselben. Der Sitz der Souveränität in der Wahrnehmung, Verarbeitung und Beurteilung der Realität hat sich endgültig aus dem Subjekt hinausverlagert. »Autarkie« ist zunächst und vor allem *Autarkie der Wahrnehmung*. Eben solche Selbstgenügsamkeit, solches Vertrauen in die Leistungsfähigkeit der eigenen Wahrnehmung ist unter der Bedingung einer gleichzeitigen Unsichtbarkeit *und* Allgegenwart von Gefahren, wie sie erstmals Tschernobyl offenbarte, potentiell selbstmörderisch. Wer sich in der Beurteilung radioaktiver Strahlenbelastung oder chemischer Vergiftungsrisiken auf seine Sinne verläßt, ist verlassen! Was Sache ist, was uns tatsächlich droht und bedroht, können wir nur noch *ablesen*: von Meßgeräten, Tabellen, Test- und Analysereporten. Die Brauchbarkeit von Augen und Ohren in der Wahrnehmung der Gefahr ist im wesentlichen auf die Aufnahme von Zahlen reduziert, die denjenigen, der über den Schlüssel verfügt, sie zu deuten, über »Gefahren« und »Risiken« belehren kann, genauer: über definitorisch festgelegte, in der Regel durch Erfahrung gar nicht belegte Schadstoff- und Risikogrenzen. Für die sinnliche Wahrnehmung der Gefahr aber haben unsere Sinne ausgespielt.

Die lebenserhaltende Furcht

Kann Furcht im Kopf entstehen? Ich fürchte, wir haben als
Meister im Verdrängen (»mit der Bombe leben«) das Fürchten
gründlich verlernt. Wir ducken uns weder vor Donner und Blitz
noch vor der Kraft des Atoms: vor dem einen nicht, weil es
Blitzableiter und Brandversicherungen gibt, vor dem anderen
nicht, weil wir es nirgends sehen. Die Außerkraftsetzung des
natürlichen Schutzschildes der Furcht macht die systematische
Mobilisierung »kundiger Unzufriedenheit« (Ernst Bloch) zu einer
Frage des Überlebens. Mehr noch als um den kundigen »Gutach-
ter« müßten die Verantwortlichen um den kundigen »Schlecht-
achter« weit ausgreifender Planungen und Projekte bemüht sein,
und sei es nur aus Gründen der Planungsverbesserung. (Über 150
Einzelverbesserungen soll das bisherige Einspruchsverfahren im
Fall des geplanten Kernkraftwerks in Wyhl gleichsam als »Nebeneffekt« erbracht haben.) Wir haben uns eben deshalb um den
systematischen Erwerb von »Unheilsprognosen« zu kümmern,
weil als Folge des ungeheuren neuzeitlichen »Erfahrungsschwun-
des« (Hannah Arendt) die »Heurisitik der Furcht« (Hans Jonas,
1979, S. 63 f.) verstummt.

Angst lähmt, Furcht befreit zum Handeln! Vieles hängt davon
ab, ob es gelingt, Angst in lebenserhaltende Furcht und kundige
Besorgnis umzuformen.

Viel ist es nicht, was hier Hoffnung begründen könnte. Wir
befinden uns längst in der subhumanen Umkehrung der Adaptivität: der Artefaktor nähert sich den Bedürfnissen des Artefakts.
Wenn wir, ganz allmählich und schmerzfrei, zu Schalthebelmen-
schen mutieren, ist dies gewiß schon problematisch genug. Es gibt
aber einen Aspekt, der die hierin begründeten Gefahren noch
überbietet: Der Mensch als maschinennaher Software-Symbiot
verliert auch die für den Ernstfall lebensbefähigenden Adaptivi-
tätsreserven, welche durch den Spontanimpuls der Furcht erhalten werden.

»Respice finem« oder Der prinzipielle Vorrang der Unheilsprognose

Die Überlebensfrage zielt im Kern auf die Frage nach der Selbstbeherrschungsfähigkeit: Wird der Mensch auch weiterhin, wie bisher, alles tun, was er, in einem technischen Sinn, ins Werk setzen kann? Ist er biologisch so konstruiert, daß er, auch ohne erst Schaden zu nehmen, klug werden kann? Verfügt er über die verhaltensprägende Kraft der Einsicht? Kann er, indem er die Katastrophe gedanklich antizipiert, verhindern, daß sie wirklich wird? Die Strategien, an denen wir unser tatsächliches Verhalten orientieren, haben ja nicht unsere Religionsführer, unsere Philosophen, Wissenschaftler, Denker oder gar Politiker entworfen. Die Qualität der Vorausschau, die Kraft der Idee oder des vernünftigen Arguments waren in den seltensten Fällen so gute Lehrmeister wie die blutigen Nasen und der Tritt gegen das Schienbein.

Heute befinden wir uns, zumindest in den gattungsgefährdenden Schwellenbereichen des technischen Fortschritt, in einer Situation, die den schlichten Erfahrungserwerb, das Klug-Werden durch erlittenen Schaden, verbietet, weil leicht niemand mehr übrig sein könnte, um mit dem Pfund der so teuer erworbenen Klugheit zu wuchern.

Wenn bei großtechnischen Entwicklungen nicht weniger als alles, das Ganze, auf dem Spiel stehen kann, dann gebührt, wie neuerdings vor allem Hans Jonas (1979, S. 70 ff.) gezeigt hat, der »Unheilsprognose« prinzipiell mehr Gehör als der Heilsprophezeiung. Die ernstzunehmende Unheilsprognose fällt jedoch nicht vom Himmel, da das mögliche Unheil, vor dem zu warnen ist, in den allermeisten Fällen ja nicht durch Anschauung oder unmittelbare Erfahrung belegt ist.

Wie sollten etwa auch die Gefahren der kumulativen Anreicherung unserer Körper mit radioaktiven Substanzen »erfahrungsmäßig«, sinnlich-anschaulich belegt sein? Wie die fortschreitende Vernarbung unserer Lungen durch den täglich eingeatmeten Asbeststaub? Die wenigsten Menschen vermögen sich vorzustellen, daß eine grüne Wiese durch Einsatz bestimmter chemischer Substanzen innerhalb weniger Wochen für immer graubraun sein kann.

Gerade weil unsere Sinne in solchem Maße außer Kraft gesetzt sind, weil keine Zeit oder Möglichkeit besteht, im Umgang mit den modernen Gefahren selbst schützende Erfahrung zu erwerben, eben deshalb bedarf es einer radikalen *Parteilichkeit zugunsten der Kritik* und der schlechten Prognose. Die schlechte Prognose ist immer auch eine gute Prognose, weil unter Umständen einzig sie überlebensfähig macht.

Die Wagnisse einer Technik, die uns kurzfristige Verbesserungen, Erleichterungen und Annehmlichkeiten in Aussicht stellt, rechtfertigen niemals den totalen Einsatz. Gerade in den sensiblen Schwellenbereichen technologischer Entscheidungen sind wir zu einem höchst maßvollen Gebrauch unserer Freiheit verpflichtet, der die Entscheidungsfreiheit der Nachfolgenden nicht irreversibel beschädigt. Das »respice finem« muß systematisch zur korrektiven Leitidee jeder verantwortlichen Entscheidung erweitert werden. Bislang wird es erst, gleichsam naturwüchsig und damit gefährlich selektiv, von den sozialen Bewegungen der Stunde eingemahnt.

Apokalypse oder Das Fürchten des Furchtbaren

Die Apokalypse ist jener Augenblick im prognostischen Vorausblick, in welchem sich das Äußerste »enthüllt«. Nichts am Schrecklichen des Schreckens verbirgt sich mehr. Die vollständige Transparenz des Schreckens schließt jeden Irrtum aus. Die Apokalypse ist jener Fluchtpunkt im existierenden Universum, der alles mit Gleichgültigkeit straft. Die grelle Sichtbarkeit der letzten Katastrophe wird zum lähmenden Augenbann, vor welchem der Blick sich, für immer geblendet, verschließt. Es gibt kein Sehen mehr und kein Sichtbares nach diesem letzten Blick.

Der Irrtum, vor allem der Irrtum im Plural, meidet diesen Blick. Irrtümer blenden nicht unser Auge, sie zwingen uns genauer hinzusehen und helfen uns, den Horizont zu weiten. Der Blick des Irrtums eröffnet uns immer vorletzte Auswege aus der Gefahr. Wächst das Risiko über die Dimensionen des nützlichen Irrtums hinaus, so daß der Weg von Versuch und Irrtumskorrektur sich verbietet, dann bleibt als letzter Ausweg nur noch die elementare Furcht, das Zurückschaudern vor dem Blick in den Abgrund.

Furcht ist ein elementarer, lebenserhaltender Mechanismus, der uns im Fall akuter Gefahr zum situationsangemessenen Verhalten befähigt. Sie ist eine Art »Notbremse« des Organismus; sich vor dem Furchtbaren nicht zu fürchten, ist nicht mutig, sondern selbstmörderisch. Unser Ziel sollte sein, es bis zum Fürchten des Furchtbaren erst gar nicht kommen zu lassen. Mit der Furcht sind wir schon gefährlich nahe am Abgrund. Furcht bietet keine Dauerprävention wider die Irrtumskatastrophe. Diese finden wir allein in der Konstellation einer fehlerfreundlichen Welt und Umwelt, mit viel Knautschzonen, »Spielraum«, Puffern, Redundanzen und einer erheblich geminderten Zerstörungskraft. Sicherheit auf Dauer verspricht allein der wieder in sein angestammtes Recht gesetzte Irrtum: Wir müssen die Welt so einrichten, daß wir uns irren können, ohne gleich an den Weltuntergang zu denken.

Wissen, das aus der Erfahrung wächst

Vielleicht ist die verstörendste Einsicht, die uns Tschernobyl bescherte, die, daß alles, was durch den Reaktorunfall in der Ukraine *offenbar* wurde, schon längst *war*. Wir haben eine Dimension bedrohlichster Realität, mit der wir schon seit Jahrzehnten leben, einfach nicht zur Kenntnis genommen. Wir haben, nahezu einmütig, sehenden Auges weggesehen. Wir haben Bedrohlichkeitsdimensionen kollektiv ausgeblendet, deren vergleichbare Nichtberücksichtigung jedem Individuum strengste strafrechtliche Konsequenzen, wenn nicht gar die formelle Entmündigung eingetragen hätte.

Wir wissen durch Tschernobyl nicht *mehr*, wir *wissen anders*. Tschernobyl hat uns ein Wissen beschert, an dem man nicht vorbeisehen kann. Wissen ohne Erfahrung – das ist wie Liebe im Kino oder wie der Schnee auf dem Kilimandscharo, den wir nur vom Hörensagen kennen.

Wissen, das sich der Erfahrung verdankt, beeinflußt unser Verhalten – unsere Ängste wie unsere Sehnsüchte, unseren Impuls zur Verweigerung wie unsere Bereitschaft zur Hingabe – in ganz anderer Weise als ein Wissen, welches der erfahrungsfreien »Theorie« entstammt.

Seit Tschernobyl *wissen* wir so vieles, was wir schon lange wissen konnten, ja, im Prinzip sogar schon lange gewußt haben. Nur – die *Qualität des Wissens* nach Tschernobyl ist eine andere als davor. Das Gefahrenwissen vor Tschernobyl war ein *Wissen ohne Erfahrung*; das Gefahrenwissen nach Tschernobyl ist ein Wissen, das durch's Fegefeuer der Katastrophenerfahrung gegangen ist. Und dies ist, so lernen wir erst richtig zu begreifen, offensichtlich ein Unterschied um's Ganze: Wissen, von dem wir nur *theoretisch* wissen, daß es uns betrifft, solches Wissen »betrifft« uns ganz anders, als ein Wissen, von dem wir *erfahren* haben, daß es uns betrifft. Das Gefahrenwissen vor Tschernobyl war Information zum Abheften, das Gefahrenwissen nach Tschernobyl bringt uns, hoffentlich, um die Nachtruhe.

Die sowjetische Atomkatastrophe war so etwas wie ein Zusatzpensum des Begreifens. Das Nachdenken nach Tschernobyl, die Denkwende, die aus der Katastrophe kam, hat uns, neben vielem anderen, auf's Neue auch darüber belehrt, wie wenig unser Verhalten und unsere Wahrnehmung rational begründet sind und damit eben auch: wie wenig Verhaltensänderungen sich allein rationalen Impulsen verdanken.

VIII. »Fehlerfreundlichkeit« oder Die Welt des nützlichen Irrtums

Die Unverzichtbarkeit der Emotionen

Zur Welt des nützlichen Irrtums gehört die gänzlich undramatische Präsenz von Gefühlen. Wollen wir uns die Chance des Irrtums erhalten, müssen wir uns auch auf die – gar nicht disponible – Mitwirkung von Gefühlen einstellen. Der Gefühlsanteil am Erkennen pflanzt sich fort im Gefühlsanteil am Entscheiden. Die Emotionen bieten eine unverzichtbare Möglichkeit des Zugangs zur Wirklichkeit *über die Wirklichkeit*; soll heißen: über die noch nicht rationalistisch verkürzte Realität; des Zugangs zur Wirklichkeit über die als Ganzes wahrgenommene Wirklichkeit, an der wir auch anthropologisch umfassenden Anteil haben: am Denken und an den Empfindungen, am Rationalen und am Emotionalen.

Es ist die Irrtumserfahrung, die unsere Einsichten mit dem entsprechenden emotionalen Vorzeichen versieht. Erkennen setzt sich nie bruchlos in Handeln um. Der »Motor«, welcher die Einsicht in Handlung überführt, das Schwungrad, welches zwischen Erkennen und Tun vermittelt, sind die Emotionen.

Emotionen dienen nicht nur dazu, Sehnsüchte oder Abneigungen zu verstärken: dem Nützlichen mit Eifer nachzujagen und das Schädliche aktiv zu vermeiden. Sie helfen darüber hinaus, die Welt zu begreifen, also überhaupt erst Nützliches vom Schädlichen, Gutes vom Bösen, Erstrebenswertes vom Eitlen zu scheiden. Was sich auch langwierigsten Berechnungen nicht reimt und fügt, rücken sie von einem Augenblick auf den anderen ins Licht intuitiven Urteils. Selbst vergleichsweise profane Alltagsentscheidungen wie die, zum Friseur zu gehen oder die Haare wachsen zu lassen, seinem Sohn Französisch oder Latein als zweite Fremdsprache zu empfehlen, sich ein Pferd oder einen Hund anzuschaffen – selbst solche täglich wiederkehrenden Allerweltsentscheidungen sind nach Ursache und Folgewirkungen so überaus komplex, daß jedes Bemühen, sie zu analysieren und das Pro und Contra rational zu »berechnen«, allenfalls komisch wirken müßte. Zweifellos bemühen wir uns, alle unsere Entscheidungen, private wie öffentliche, bedeutende und unbedeutende zu »rationalisieren«. Rationalisieren heißt »vernünftiger machen«. An der grundsätzlichen Wünschbarkeit dieser Zielsetzung kann es kaum Zweifel geben. Nur gehört zur Rationalität eben auch die Einsicht in ihre Grenzen. Und die sind überall dort, wo die eigene Entscheidungsfreiheit sich mit der anderer Subjekte kreuzt, sehr eng bemessen. Emotionen sind, vor allem in der Beurteilung komplexer Sachverhalte, allen Versuchen der »Berechnung« bei weitem überlegen. Ob eine strafprozeßrechtliche Kronzeugenregelung unserem Rechtsempfinden kompatibel ist oder nicht, läßt sich ebensowenig berechnen wie die Akzeptanzfähigkeit der Gorbatschowschen Null-Lösungsvorschläge für das westliche Bündnis. Für das Ja oder Nein im einen wie im anderen Fall gibt es nur mehr oder weniger *plausible* Gründe, das sind Gründe, die sich verstandes- *und* gefühlsmäßig nachvollziehen lassen. Wenn über Emotionen gesprochen wird (was zumeist bedeutet, daß die der anderen verteufelt werden), beachten wir viel zu wenig, daß ohne sie Orientierung in der Welt nicht möglich wäre. Ohne Emotionen, ohne die *gefühlsmäßige Vorgestimmtheit* gegenüber den Erscheinungen und Herausforderungen wären wir der Vielgestalt des Wirklichen hilflos ausgeliefert. Wie wollten wir jemals im Wege rationaler Berechnung ermitteln, welches – unter den Millionen möglicher – der »richtige Partner« fürs Leben ist? Nicht das methodische Aufgebot von Rationalität mildert die hier zwangsläufig überbordenden Wogen der Komplexität (»Ist sie/er die/der Richtige oder sie/er oder sie/er . . .?«), sondern allein die Zuflucht zu einer – in diesem Felde interessanterweise sozial akzeptierten – Gefühlsversicherung, die wir Liebe heißen. Selbst dort, wo wir eine Partnerentscheidung in den Kategorien des »Vernünftigen« beschreiben: wo wir von »Vernunftehe« sprechen, wenn sich einer für die häßliche Fabrikantentochter entscheidet, ist dies eine höchst irreführende Etikettierung: Wieso ist die Liebe zum Geld vernünftiger als die Liebe zur Schönheit? Pleonexie mag weniger frustrationsträchtig sein als Liebesbereitschaft, doch anders als »gefühlsmäßig« ist auch sie nicht begründbar.

Wer sich für ein »sorgenfreies Leben« entscheidet, tut dies selbstverständlich auch auf der Basis von Gefühlen, wenngleich ganz anderen als jenen, denen huldigt, wer sich zur Liebe als dem »süßen Wahnsinn zu zweit« bekennt. Warum leugnen wir anderswo so hartnäckig, was wir der Partnerwahl eben noch zugestehen – die Gefühlsbasis?

Unsere Urteile heften sich stets an unsere Emotionen. Und wer die Emotionen so verteufelt, wie manche Politiker und Kernkraftbefürworter, verteufelt *ganz bestimmte* Emotionen, weil er ein *ganz bestimmtes* Urteil fürchtet: eine Einstellung zu Fortschritt und Großtechnologien, welche die Durchsetzung der von ihm selbst vertretenen Interessen erschwert oder verhindert. Denn es ist ja nicht wahr, daß nur »bei den anderen« Emotionen im Spiel sind, während man selbst allein der Rationalität verpflichtet ist. Auch wer mit gewiß erwägenswerten Argumenten für die Kernenergie streitet, tut dies natürlich vor einem emotionalen Hintergrund: Er bejaht im großen und ganzen die Welt, wie sie ist, ist mit der aktuellen Verteilung von Macht, Prestige und Reichtum im wesentlichen einverstanden (nicht zuletzt wohl deshalb, weil er sich selbst nicht entscheidend benachteiligt fühlt!) und leidet auch nicht an einem grundsätzlichen Unbehagen angesichts der Entwicklung zu einer immer ausschließlicher aus ihrer technischen Dimension bestimmten sozialen Realität. Wer sich von der Perfektion und Eleganz technischer Lösungen faszinieren läßt, wer aus nationalen und/oder persönlichen Machtkalkülen eine bestimmte Lösung favorisiert, wer den technisch-industriezivilisatorischen Entwurf der Wirklichkeit an keiner Stelle beeinträchtigt sehen möchte, wem der berufliche und finanzielle Erfolg als wichtigstes Erfolgskriterium gilt – dessen Argumente sollen weniger emotional gefärbt sein, als die seines Widerparts, dem all dies suspekt ist? Nein, in Wahrheit unterscheiden sich die beiden Positionen nicht so sehr nach Graden der zugrunde liegenden Emotionalität; sie unterscheiden sich vielmehr dadurch, daß der, der schon weitgehend hat, was er will, sich das Pathos emotionaler Schmucklosigkeit eher leisten kann als derjenige, der, schon aus konfliktchoreographischen Gründen, erst auf sich aufmerksam machen muß. Auch im Boxring muß stets der Herausforderer mehr tun!

Das Lob des Irrtums, das hier angestimmt wird, gilt ja dem Irrtum als einer besonders effektiven Methode des raschen und folgenreichen Lernens und Dazulernens. Ein Irrtum ohne emotionale Begleitmusik, ein Irrtum, der kalt ließe und gleichgültig, könnte genau dies nicht initiieren: die entschlossene Korrektur innerhalb knapp bemessener Zeitfristen.

Für die gedankliche und willentliche Neuorientierung unseres Verhaltens sind die Emotionen als hochsensible Anreger und Beschleuniger unverzichtbar. Sie sind die empfindsamsten Wahrnehmungsorgane unseres Bewußtseins. Wenn wir längst noch nicht begründen können, warum wir jemanden gern haben und einem anderen nicht trauen, haben wir die Schleusen unserer Sympathie bzw. Antipathie schon weit geöffnet. Wir vertrauen und mißtrauen, wir hoffen und schaudern zurück, lange bevor wir unser Verhalten mit rationalen Argumenten ausstaffieren könnten.

Für Weltorientierung und Entscheidungsfindung des Einzelnen leisten Emotionen dreierlei: Erstens, sie wirken als besonders sensible Frühwarn- und Früherkennungssysteme; zweitens, sie verstärken *vorhandene* Präferenzen und beschleunigen die Herausbildung *neuer* Präferenzstrukturen; drittens, sie reduzieren die anders nicht abzutragende Komplexität realer Situationen und werden so zu Katalysatoren der Urteilsfindung. Alle drei genannten Funktionen zusammen wirken als notwendiger Einspruch wider die stets drohende Gleichgültigkeit: Ohne Emotionen würde der Seinsvorsprung des Seienden zum strukturellen Hindernis für die Entwicklung von Vielfalt; oder drastischer: Ohne Emotionen tut sich nichts, weil wir ohne Emotionen nichts tun!

Emotionen sind eine unverzichtbare Form der »sozialen Intelligenz«; sie sind in einer wissenschaftlich bestimmten Welt das einzig verläßliche Bollwerk wider das Universalwerden der Gleichgültigkeit. Wer die Wirklichkeit nicht parteiisch wahrnimmt, nimmt sie überhaupt nicht wahr.

Lob des Irrtums oder Nur Überzeugte können irren

Die Anstiftung zum Irrtums- und Fehleroptimismus ist keine Aufforderung zum schnellfüßigen Umgang mit der Wahrheit oder gar zur Abschaffung von Überzeugung und Glauben. Beinahe das Gegenteil: Irrtümer können sich nur ereignen, wo Überzeugungen im Spiel sind. Nur Überzeugte können sich irren und dazulernen. Die Überzeugungsgewißheit gehört ebenso zum Irrtum, wie die Leiche zum Mord. Sie ist der Stoff, aus dem unsere Irrtümer sind. Wir müssen erst etwas für wahr, für richtig, für nützlich und für gut halten, um dann, durch den Irrtum, genauer: durch die von ihm (an)gestiftete Ent-täuschung über das Unwahre, Unrichtige, Unnütze und Ungute eines Besseren belehrt zu werden.

Daß wir über Urteil, Meinung und Überzeugung verfügen, ist vor allem auch für die Konsequenzen wichtig, die wir aus unseren Irrtümern ziehen. Die wichtigste Überzeugung, um die es hierbei geht, ist die Überzeugung von Wert und Wichtigkeit der Überzeugung selbst. Sind wir nicht mehr davon überzeugt, daß es wichtig ist, Überzeugungen zu haben, die unser Leben ordnen und strukturieren, dann läuft das Schwungrad des Irrtums leer. Der Irrtum, der folgenlos bleibt, endet im Relativismus: Das eine ist so gut wie das andere.

Wir korrigieren Irrtümer nur dort entschieden, wo neue Überzeugungen ins Spiel kommen. Nur wer sich nach der Ent-täuschung auch weiterhin auf Überzeugungen einläßt und um Urteil bemüht, kann den Irrtum »produktiv« nutzen.

Das ziellose Räsonieren, die Geschwätzigkeit über alles und jedes, ist der Anfang vom Ende jeder Gesprächskultur. Zur Kultur des Gesprächs gehört vor allem der Wille, es zu einem Ziel zu führen. Wenn es den an einem Gespräch Beteiligten völlig gleichgültig ist, wie das Gespräch endet: ob es Folgen hat oder nicht, ob man den anderen mit den eigenen Argumenten erreicht oder an ihm vorbeiredet, ob es gelingt zu überzeugen und die Handlungsgewißheit unter den Beteiligten zu vermehren, oder ob alles beim Alten bleibt – wenn dies alles keine Rolle spielt, dann ist es eigentlich auch gleichgültig, ob überhaupt gesprochen wird oder nicht.

Wenn aber – wegen erwiesener Folgenlosigkeit – gleichgültig ist, ob geredet wird oder nicht, warum wird dann so unglaublich viel geredet? Warum tun wir etwas, was so offensichtlich sinnlos ist, mit soviel Inbrunst? Woher das rasende Gefasel kommunikativer Inkompetenz? Warum stürzen wir uns alle mit babylonischer Vergeblichkeitslust ins kommunikative Handgemenge?

Die Welt des nützlichen Irrtums ist gegenwärtig von zwei Seiten bedroht: von der übergroßen Gewißheit in unseren Strukturen und vom Fehlen aller Gewißheit in unseren Urteilen.

Das aktuelle Verhaltensleitbild cool-überlegener Abgeklärtheit ist eine der Zeitgeist-Masken für das paradigmatische Übel der

Zeit: die Not der Gleichgültigkeit, die wir zur Tugend des Alles-
und-jederzeit adeln. Gleich-gültig-keit bedeutet: Es fehlt uns ein
plausibler Grund dafür, so zu leben und nicht anders, dies zu
wählen und jenes zu lassen. Vielleicht tun wir deshalb so vieles
gleichzeitig nebeneinander und so vieles, was schwer mit anderem
vereinbar ist. Wem die geistige Gravitation fehlt und die Schwerkraft der Seele, dem mangelt es auch an Kriterien für oben und
unten, für Wichtiges und weniger Wichtiges. Ist die Hierarchie der
inneren Gewißheiten erst eingestürzt, klammern wir uns um so
zäher an die Gewißheit im Äußeren. Dies ist das Geheimnis der
»logos«, von A wie Aigner bis Z wie Zanussi: daß sie Verbindlichkeit stiften, Eindeutigkeit und Gewißheit, die uns aus Überzeugungen nicht mehr entstehen.

Der Irrtum ist das »Stahlbad« unserer Überzeugungen, der
Härtetest unserer lebensleitenden Vorurteile, die Schwerkraft unserer Emotionen und Entschlossenheiten. Im Irrtum überdauern
wir unser Scheitern, überleben wir das Verzweifeln unserer Hoffnungen, buchstabieren wir das kleine Einmaleins der Gründe im
Lebensspiel des Dafür und Dagegen.

Vorsicht vor den Irrtümern, die uns panzern mit Unbeirrbarkeit: Der Irrtum, der uns gleichgültig macht oder irrtumsimmun,
– es könnte leicht der letzte sein!

Der gute Irrtum ist Vater vieler Vorurteile; er verbreitet Furcht
und Ehrfurcht, Achtung und Verachtung. Er zerschmettert nicht
unsere Ziele und widerlegt nicht unser Streben; er macht jene
deutlicher und anspruchsvoller und dieses schwieriger und dor-
nenreicher.

Elvis, Prinz Eisenherz & Co oder
Der Irrtum als Via regia des Heldenlebens

Es gibt viele Formen der heimlichen Wertschätzung des Irrtums,
die wir als solche oft selbst nicht durchschauen. Wenn wir z. B.
Münzen oder Briefmarken, bei deren Herstellung etwas »schief
gelaufen« ist: also Fälschungen oder Fehldrucken ein Vielfaches
ihres Normalwertes zumessen; oder wenn wir Elvis Presleys Lach-
version von »Are you lonesome tonight« in ihrer Spontaneität
und Frische als ganz »besonderen Leckerbissen« empfinden und

viel höher schätzen als die perfekte Studioaufnahme, so bestätigen wir mit unserer Aufmerksamkeit und Sympathie für das Krause und Skurrile, daß durch die ungeplante Abweichung von der Normalform oder dem Normalverlauf den Dingen etwas Zusätzliches erwächst, das sie »mehrt« und wertvoller macht.

Etwas Ähnliches kennen wir von den Liebesgeschichten, die uns deshalb auch so besonders lieb sind: Liebesgeschichten sind immer Liebesanfangsgeschichten, die ihren Erzählwert dem mehr oder weniger exotischen Anfangsirrtum verdanken; jenem Einstiegserschwernis: er Schweinehirt, sie Prinzessin, welches scheinbar alles hoffnungslos macht, während sich in Wahrheit gar nichts anderes denken ließe, was die Gefühle ähnlich beschleunigte und intensivierte. In fast allen Liebesgeschichten fungiert der Irrtum als PS-starker Außenbordmotor auf der Schlingerfahrt ins Lebensglück. Und dies ist alles andere als zufällig!

Wie tief verwurzelt diese heimliche Wertschätzung des Irrtums, genauer vielleicht: des Irrtums*weges* ist, können wir am Strickmuster ungezählter Dramen, Anekdoten, Geschichten, Romane und Filme ablesen: Stets ist, was erzählt wird, die Geschichte von Irrtümern und Wirrungen zur – um so schöneren – Klarheit und Gewißheit. In den Adelsstand dieser Gewißheiten gelangt man nie durch Geburt, selten durch Glück, fast immer durch Anstrengung. Gewißheiten, für die wir bezahlen, sind uns teurer als das Gelingen zum Nulltarif. Dies ist das psychologische Geheimnis des schweißtreibenden Gipfelglücks ganz ebenso wie der biblischen Sympathiebekundung für den verlorenen Sohn und gewiß auch das psychologische Geheimnis der Liebe und ihrer Geschichten vom Irrtumsglück und Irrtumsleid.

In der Literatur gibt es wahrscheinlich kein Sujet, welches die Struktur der Irrtumserfahrung reiner bewahrt und unmittelbarer in die epische Handlungs- und Bedeutungsstruktur übersetzt als die »Queste«, die »Suche« der mittelalterlichen Literaturhelden: Parzival, Lancelot, Gawan, um die berühmtesten zu nennen, für die der Irrtumsweg zur Via regia des erfüllten Heldenlebens wird.

Nirgends sonst ist der »Irrtum« ein so konsequenter Geburtshelfer der Wahrheit. Nirgends werden Irrnis und Wirrnis so entschieden als unverzichtbare Durchgangsstadien zur Klarheit und Einsicht proklamiert, wie in der abenteuerlichen Suche nach dem geheimnisvollen Gral. Der »chevalier errant« der höfisch-ritterlichen Heldenepik des Mittelalters bevölkert aber nicht nur die bekannten Dichtungen Wolframs von Eschenbach, Chrétiens de Troyes oder Thomas Malorys. Seine »Suche« wird von der Literaturwissenschaft längst als »episches Universale« gedeutet, welches, unabhängig von Gesellschaftsform und Zeitumständen, in den verschiedensten Literaturgattungen und Erzählmedien aktuelle Auferstehung feiert: in Michael Endes »Unendlicher Geschichte« ebenso wie in Francis F. Coppolas eindrucksvollem Vietnam-Opus »Apokalypse Now«, in Westernromanen und -filmen ebenso wie in den bevorzugt in mittelalterlichen Fantasy-Welten angesiedelten »Adventure Games«, in den Superheldenfiguren der Trivialliteratur: Tarzan, Prinz Eisenherz und Superman wie in Gestalt des galaktischen Märchenprinzen Luke Skywalker aus Steven Spielbergs »Krieg der Sterne«-Trilogie. In vielen Romanen des in den sechziger Jahren wiederentdeckten Hermann Hesse, ja selbst in Umberto Ecos Bestseller »Der Name der Rose« finden sich Elemente der epischen Grundstruktur des »Suchens«. Und Reinhold Messners Expeditionen in die Grenzzonen menschlicher (Selbst-)Erfahrung, wo die Trennungslinie zwischen Einsamkeit und Tod sich verliert, – was sind sie anderes als moderne Versionen der »Suche« des Weißen Ritters in einer Welt, in der es nichts mehr zu wagen und zu erobern gibt? Wenn sich in den Massenmedien und in der zeitgenössischen (Populär-)Literatur so viele geradezu »süchtig« auf den Irrtumsweg der Bewährung machen, so drücken sich hierin, wie stets in den inflationierenden Formen sozialer Simulation, vor allem Unbehagen und Mangel aus.

Die angestrengte Suche nach der »Suche« belehrt uns vor allem über den eigenen »Zustand«, darüber, was uns alles fehlt, wenn wir alles haben!

Nicht was wir haben, sondern was wir am meisten vermissen, ist Stoff für unsere populären Träume. Stets beschwören wir – in den »Mythen« der Kunst wie in jenen der Unterhaltung – das am meisten, woran es der Wirklichkeit am meisten mangelt; wir führen das im Munde und uns und anderen vor Augen, was uns aus den Augen und aus dem Sinn zu geraten droht.

Es sind meist die Schattenfiguren des bereits Flüchtigen, welche die Sehnsuchtsgefilde unserer Phantasie besiedeln. Erst im Verlust werden wir des Bewahrenswerten inne. Die aktuelle Hochkonjunktur beispielsweise der Liebe im Theater und Film, in der schönen Literatur und in theoretischen Abhandlungen erlaubt noch längst keine günstigen Aussagen über die wirkliche amouröse »Lage der Nation«. Zeiten, in denen laut über Liebe gedacht und gesprochen wird, sind meist Eiszeiten des Gefühls.

Vergleichbares könnte auch gelten für die aktuelle Faszination, die von einer zeitlosen mythischen Struktur wie der »Queste« ausgeht: Wenn alles sich auf die vielfältigen medialen »Irrtumspfade« begibt, ist dies noch lange kein Hinweis auf die tatsächliche Wertschätzung des Irrtums. Das Gegenteil ist zu vermuten: Der Irrtum steht in notorischem Schuldverdacht. Er wird – als »menschliches Versagen« – verurteilt und bestraft. Wer sich irrt, verliert Reputation, Profession und nicht selten auch – die »bürgerlichen Ehrenrechte«. In der übersicherungskranken »Restrisikogesellschaft« ist für den Irrtum kein Platz. Nicht zuletzt deshalb, weil seine geduldete Anwesenheit die Sicherheitsillusionen dieser Gesellschaft beschädigen könnte.

Wir sind eine Gesellschaft, die sich ihrer Herkunft schämt. Eine Gesellschaft, die nur noch die glatte Außenseite des Erfolgs zeigt, ohne Schwielen und Schweiß, ist in der Gefahr, den Kontakt zur Realität zu verlieren. Eine Gesellschaft, die den Irrtum aus ihrem Gesichtsfeld verbannt, verbirgt eben jene Vorgeschichte des Erfolgs, die auch für die Geschichte künftiger Erfolge notwendige Vorgeschichte bleibt. Sie erzeugt Sicherheitsillusionen, Illusionen des reibungslosen und risikoimmunen »reinen Bewirkens«. Angesichts der tatsächlichen Unaufhebbarkeit des Risikos sind dies gefährliche Illusionen. Ein kalkulierbares Risiko ist eine Sache. Ein nicht kalkulierbares, weil gar nicht erkanntes, eine ganz andere – und gewiß keine beruhigende. Der Lorbeer, an dem kein Schweiß- und Blutgeruch haftet, ist eine Lüge und keineswegs eine besonders fromme.

Mit dem Irrtum jedenfalls gerät uns eine unverzichtbare Bedingung des Erfolges aus dem Blick, ein Verlust, der nicht nur den gerade aktuellen, sondern auch künftigen Erfolg gefährden könnte. Auch im Hinblick auf die langfristige psychosoziale Daseinsvorsorge einer Gesellschaft sind Gipfelerlebnisse in Serie ohne die Martern des Aufstiegs eine fragwürdige Gratifikation. Warum sonst flüchten wir uns aus der unwirklichen Welt der Hochtechnologie und der glatten Erfolge immer wieder in solcher

Zahl in jene – ebenso künstlichen – Bilderwelten, die in Zeiten angesiedelt sind, in denen der einzelne mit Kraft und Ausdauer, mit Willen und Geschicklichkeit noch etwas auszurichten vermochte? Wohin sonst, wenn hierzulande das »Abenteuer pur« nicht mehr zu haben ist? Vielleicht haben die modernen Gesellschaften ja nicht nur einen Sicherheitsbedarf, den sie – vom Sozialstaat bis zur Reisegepäckversicherung, vom Blitzableiter bis zur elektronischen Warnanlage – auf vielfältige Weise befriedigen, sondern eben auch einen spezifischen *Angstbedarf*, dem sie kompensatorisch mit aufwendigen Ersatzrisikoszenarien – von der Geisterbahn bis eben zur Gralssuche – zuleibe rücken.

Masken- und Verstellungskunst oder
Die Prävention des Nicht-Wissens

Die Aktualität der »Suche« kommt nicht von ungefähr. Wir haben in vielfacher Hinsicht eine »sokratische Situation«: Wenn's gut geht, wissen wir, daß wir nichts wissen.

Das Nicht-Wissen salviert unsere ansonsten kaum rettbaren Humanüberzeugungen. Es bewahrt uns davor, stets und ständig mit ungeschönter Ehrlichkeit und demonstrativer Direktheit traktiert zu werden und zu traktieren; es macht uns sozialfähig, gestaltet den Umgang mit den anderen erträglich und manchmal sogar spannend.

Umstandslose Wahrhaftigkeit reißt Wunden: Wenn ich Dir ständig sage, daß Du aus dem Mund riechst, mich langweilst, ich Dich abstoßend finde mit Deinen Mitessern und roten Flecken auf der Wange . . . Es gibt keine fürchterlichere Form, dem anderen die Anteilnahme zu verweigern als schonungslose Ehrlichkeit. Ich kann den anderen nur schonen, wenn ich nicht alles weiß und ihm nicht alles zu wissen gebe. In der gläsernen Welt ohne Intimität und Rückzug, ohne Privatsphäre und soziale Distanzen ist der andere unrettbar Fremder. Wenn es nichts an ihm gibt, das sich mir verbirgt, brauche ich ihn nicht wahrzunehmen und zu entdecken. Das ist das Geheimnis der Intimität, und das macht die Entdeckung und Sicherung des »privaten Raumes« zu einer der großartigsten Humanerrungenschaften, welche die Mensch-

heit der abendländischen Neuzeit zu danken hat: Erst die Errichtung einer Grenze bringt mir den anderen nahe und öffnet mich
für ihn, allein die Maske, die der andere trägt und die mir sein
Antlitz verhüllt, zwingt mich, mir ein Bild von ihm zu machen.

In der unterschiedslosen Öffnung des anderen, in der sichtbaren Preisgabe seines Selbst, stünde mir sein Bild immer schon fest.
Vollständige Sichtbarkeit wäre vollständige Isolation. Die Errichtung der Grenze erst macht mich fähig, Grenzen zu überwinden.
Daß der andere sich mir entzieht, sich verbirgt, sich zurückzieht,
zwingt mich, ihm nachzugehen, ihn aufzustöbern, ihn zu benennen und zu charakterisieren.

Dem schon Benannten und Bezeichneten den eigenen Stempel
aufdrücken zu wollen, würde keinen Sinn ergeben. Der andere
fordert mich gerade mit dem heraus, was er mir vorenthält.
Ohne Gesichtsschutz wäre er vor mir sicher, er wäre, der er ist,
einfach und eindeutig und in seiner Bedeutung für mich nicht
mehr zu deuten. Ohne Maske wäre er wider meine anteilneh-
mende Zudringlichkeit gefeit. Die Maske setzt den Deutungs-
zwang; weil ich nicht alles sehen kann, muß ich interpretieren
und improvisieren.

Unsere Masken- und Verstellungskunst ist der Schlüsselreiz für
das virtuose Spiel von Versuch und Irrtum im Umgang miteinander. Zugänglich und nahbar wird mir der andere, weil er eine Zone
des Unzugänglichen und des unnahbar Privaten um sich errichtet,
die mich zu »eindringlicher« Spekulation herausfordert.

Wenn wir *nichts* wissen, können wir uns ebensowenig irren, wie
wenn wir *alles* wissen. Wir irren uns nur voran, wenn wir *einiges*
wissen und *einiges nicht.*

Wenn der andere bereits vollständig gedeutet wäre, hätte er mir
nichts mehr zu bedeuten; wäre alles an ihm definiert, könnte ich
mich auch nicht mehr irren. Weder meine Phantasie noch meine
Schauspielkunst wären gefragt. Ich trete nur aus mir heraus und
auf den anderen zu, wenn ich nicht alles durchschaue, wenn sein
Bild nicht eindeutig feststeht. In eben diesem Sinn verhindert das
Fernsehen vieltausendfach Lebenszwischenfälle: Es hält uns mit
seiner universalen Vor-Bildhaftigkeit gefangen; es schließt uns ein
in seine hermetische Bilderwelt, die uns für alle denkbaren Lebenssituationen die Vor-Bilder liefert, lange bevor sie uns »im
Leben« zustoßen. »Jeder Jonny küßt heut' wie Clark Gable«, so

hat einst Günther Anders diesen schicksalhaften Weltverlust durch illusionäre Weltteilhabe beschrieben.

Transparente Menschen- wie transparente Weltbilder sind Lebenslügen, mit wieviel »Ehrlichkeit« sie sich immer anbiedern; sie sind Lebenslügen, weil sie uns um die Chance betrügen, unsere Anteilnahme am anderen wie an der Welt zu zeigen.

Das Ende des Irrtums wäre das Ende der Erschaffung der Welt durch den Menschen; denn er hatte die Welt und die anderen immer nur dadurch erschaffen, daß er sie erfahren und sich durch sie hindurchgeirrt hatte.

Wenn wir voreinander vollkommene Kenntnis haben, wenn jeder von jedem alles weiß, ein jeder durchschaubar ist und durchschaut, wenn wir uneingeschränkt um Taten und Untaten wissen, um Nöte und Verzweiflungen des anderen, ist weder eine freie noch eine glückliche Gesellschaft möglich.

Wir brauchen den Irrtum, und wir fördern ihn gezielt durch Täuschung und Selbsttäuschung. Unsere mildernden und aufschönenden Fiktionen sind die Folie des sozial unverzichtbaren Irrtums zugunsten der »anderen«, der auch uns das Leben erträglicher macht.

Scio nescio oder Die sokratische Situation

Die »Inkompetenzkompetenz« ist das Attribut der Einsichtigen: derer, die sehen, daß die Sicht schlecht ist und die Aussichten trübe sind; der Verstörbaren, der Beirrbaren. Den Unbeirrbaren plagen keine Gewißheitszweifel. Dem Beirrbaren dagegen ist Gewißheit nicht Ansichtssache, sondern Sache. *Deshalb* weiß, wer weiß, daß er nichts weiß, so viel mehr als der, der wohlfeile Gewißheit pflegt. Zum Wissen des eigenen Nicht-Wissens gehört immer schon eine gehörige Portion Wissen: zunächst das Wissen um das *Wißbare*, also das Wissen darum, was wir grundsätzlich wissen können und was nicht; sodann das Wissen im speziellen Fall, *was* wir (noch) nicht wissen, und *warum* wir es (noch) nicht wissen; und schließlich das Wissen, was das *Fehlen* eines bestimmten Wissens in einem bestimmten Fall für unsere Entscheidung und unser Verhalten *bedeutet*. Über diese drei Formen des Wissens verfügt der wissende Nichtwisser. Sie begründen seine moralische und – auf längere Sicht – auch seine effektive Überlegenheit gegenüber dem nichtwissenden Nichtwisser: Wer weiß, *daß* wir nicht wissen, und *was* wir nicht wissen, und wer weiß, welche *Konsequenzen* dies für das Zutuende hat, ist an Handlungskompetenz stets demjenigen überlegen, der unbeirrt seine Wissens- und Gewißheits-Illusionen hätschelt.

Da wir in fast jeder konkreten Handlungssituation bloß über einen Bruchteil des Wissens verfügen, das wir haben könnten und für einen verläßlichen Ausgriff auf die Zukunft auch haben müßten, ist Handlungskompetenz vorwiegend »Inkompetenzkompetenz« im beschriebenen Sinne. Zwar ist der Handelnde stets gewissenlos; doch kann er fast immer einiges zur Linderung allfälliger Gewissensbisse tun.

Wer kundig zweifeln will, muß vieles wissen. Es ist dies allerdings ein Wissen, welches weniger dem »Bewirken« dient als dem »Bewahren« (Claus Offe), mehr dem Verhindern und Unterlassen als dem Machen und Ergreifen. »Die Fähigkeit des Unterlassens auszubilden, nachdem wir jahrhundertelang nahezu ausschließlich der Fähigkeit des Bewirkens nachgejagt sind, das kann uns kundige Nichtwisserschaft lehren.« (Marianne Gronemeyer, 1983, S. 98)

Sicherheit und letzte Gewißheit des Bewirkens sind nur um den Preis der Freiheit zu haben. Nur der Termitenstaat arbeitet annäherungsweise fehler- und irrtumsfrei. Uns bleibt nicht erspart, tagtäglich »auf der Grundlage von Treu und Glauben zu entscheiden«. Daher ist es »nicht wichtig, Sicherheit zur Grundlage seiner Entscheidungen zu machen. Es ist vielmehr wichtig, ein Bewußtsein von dem Nichtwissen zu haben. Viel wichtiger als mehr und bessere Informationen ist der fundierte Zweifel. Je fundierter unser Zweifel ist, je weiter er hineinreicht in die Verstecke der Selbstverständlichkeit, je mehr er ausleuchtet von dem, was längst nicht mehr zur Frage steht, desto behutsamer werden unsere Entscheidungen ausfallen.« (Ebd.)

Vom ökologischen Standpunkt aus gesehen ist »Fortschritt« in eine »geglückte Zukunft« nie das Ergebnis eines rationalen Entwurfs oder einer planvollen Konstruktion. Das Wissen, das wir als Menschen von der Wirklichkeit haben *können*, bleibt stets weit hinter jenem Wissen zurück, das wir haben *müßten*, um die Zukunft planend und konstruierend »in den Griff« zu bekommen.

Die »Konstruktion der Katastrophe« ist damit viel wahrscheinlicher als die »Konstruktion des Fortschritts« (F. Müller-Reißmann). Der gesellschaftliche »Gesamtfortschritt« läßt sich nicht im direkten Zugriff, konstruktiv, durch Entwurf und Plan, veranlassen und verwirklichen. Wir können ihn allenfalls umwegig fördern – indem wir die Rahmenbedingungen für eine nichtkatastrophische Entwicklung günstig gestalten.

Umkehr muß möglich bleiben

Praktisch ergeben sich aus der Respektierung eines »Menschenrechts auf Irrtum« zunächst vor allem *Unterlassungshandlungen*: Es verbieten sich vor allem im Bereich der Großtechnik alle »flächendeckenden« Maßnahmen, die nicht eine zeitlich hinreichend bemessene »Versuchs- und Irrtumsphase« durchlaufen haben oder diese aus sachlichen Gründen nicht durchlaufen können. Bei allem, was wir tun, muß der *Erfahrungserwerb* in der Anwendung eines bestimmten Wissens oder einer bestimmten Technologie möglich sein. *Imitative* Lernvorgänge müssen im Zweifel Vorrang vor *instruktiven* Lernvorgängen haben. Der sachlich, räumlich und zeitlich *diversifizierten* Lösung gebührt in der Regel der Vorzug vor der einheitlichen, zentralisierten und gleichzeitigen Lösung. Irrtümer müssen möglich sein, ohne daß der Schaden unumkehrbar groß ist. *Reversibilität* und *Korrigierbarkeit* müssen in angemessenen Zeitfristen möglich sein. In der Pädagogik, in den Systemen von Bildung und Ausbildung sollten Strukturen und Verfahren etabliert werden, welche sich bewußt die Produktivität des Irrtums zunutze machen.

Behutsamkeit, Gemächlichkeit, Vielfalt

Die Evolution, die sich Zeit läßt und sich im Wege von Versuch und Irrtum höchst gemächlich vorantastet, könnte hier Vorbild sein. Behutsamkeit, Gemächlichkeit und Vielfalt könnten als Leitprinzipien fungieren. Eine möglichst große Zahl verschiedener kleiner Schritte ist dem einzigen »großen Sprung nach vorn« eindeutig vorzuziehen, weil sie das ganz große Risiko vermeidet, vor allem aber, weil sie den unmenschlichen Zwang von uns nimmt, uns nicht irren zu dürfen. »Ökologische Humanität« zielt auf eine Gesellschaft, die dem Menschen ausdrücklich gestattet, was er ohnehin nicht vermeiden kann: Fehler zu machen, sich zu irren; und darüber hinaus: Irrtümer so rechtzeitig zu bemerken, daß es noch möglich ist, sie zu korrigieren. Irren-dürfen ist eine Grundvoraussetzung für Humanität.

Der Irrtum beschert uns das Neue; und er beschert uns das Neue in einem sozial und ökologisch zuträglichen Tempo, denn Irren kostet, zumal als Abfolge von Irrtümern, vor allem Zeit. Peter Kafka stellte sehr plausibel »Vielfalt« und »Gemächlichkeit« als »Gesetze« einer nichtkatastrophischen, evolutionären Entwicklung vor. »Evolution ist nur möglich, wenn an ihrer Front große innere Vielfalt gegeben ist. Wir brauchen also möglichst dezentralisierte Lebensformen der Menschheit.« Und: »Evolution ist nur möglich, wenn das Gesamtsystem langsam veränderlich ist im Vergleich zur Lebensdauer der Individuen an der ›Front‹. Deshalb muß natürlich auch die Front selbst ähnlich langsam, sagen wir ›gemächlich‹, voranschreiten. Wir müssen also möglichst bald wieder einen ›quasistationären Zustand‹ auf der Erde erreichen.« (1979, S. 26)

Beide Gesetze: Vielfalt und Gemächlichkeit, sind heute verletzt. »Wenn an der Front nur die Vielfalt verkümmerte, so würde sie einfach von der vielfältigen Basis her überholt werden. Das war sicherlich ein ganz normaler, häufiger Vorgang während der biologischen Evolution. Wenn aber die Gemächlichkeit verlorengeht, so setzt Krebswachstum ein. Es fehlt die Zeit zum Beurteilen von Werten durch ›Erproben in der Vielfalt‹. So können sich Scheinwerte durchsetzen und die Vielfalt überwuchern. Der uns beherrschende Scheinwert ist der Wahn, wir könnten durch Einsatz von mehr und mehr Energie immer mehr Materie ›organisieren‹. Da dies aber nicht in Eile möglich ist, *des*organisieren wir statt dessen die Vielfalt an der Front und an der Basis.« (Ebd.)

Dieser Analyse ist wenig hinzuzufügen. Der Befund – Verlust von Vielfalt und Gemächlichkeit – ist vielfach belegt, vor allem durch die Geschichte der Industrialisierung, der Kolonialisierung und Dekolonialisierung, nicht zuletzt aber auch durch die Berichte des »Club of Rome« und durch »Global 2000«, den umfassenden Bericht zur Lage der Welt an den amerikanischen Präsidenten. (Vgl. dieses Buch, S. 107 ff.)

Tschernobyl oder Die Utopie des Rückzugs

Jede Gesellschaft, die nicht offen ist für ein Nebeneinander verschiedener Lebensentwürfe, ist eine inhumane Gesellschaft.

Nehmen wir dieses Kriterium für eine humane Gesellschaft wirklich ernst, so ist durch Tschernobyl eine bedenkliche Situation entstanden: Die zivile Nuklearkatastrophe des vergangenen Jahres hat uns darüber belehrt, daß ein vom »offiziellen« abweichender Lebensentwurf von Minderheiten keine Chance mehr hat. Der Traum vom »anderen Leben«, von der ökologischen Nischenexistenz, von der Robinsonidylle am Rande der industriegesellschaftlichen Zivilisation ist ausgeträumt! Über Nacht war das am meisten Künstliche plötzlich das (noch) am wenigsten Gefährliche: Instantpulver, Büchsen- und Tiefkühlkost haben dem selbstgezogenen Radieschen und dem Frühstücksei des Freilandhuhns von heute auf morgen wieder den Rang abgelaufen. Tschernobyl hat uns alle zwangsweise dem industriegesellschaftlichen Gefährdungskollektiv eingegliedert. Das allgemeine »Gefährdungsschicksal« (Ulrich Beck) in Gestalt der radioaktiven Wolke, dem keiner entgeht, läßt die individuelle Verantwortung für das Einzelschicksal leerlaufen. Nach Tschernobyl wäre der individuelle Entschluß zu einer Existenz ohne Anbindung an die Nachrichten- und Kommunikationssysteme oder zu einer Existenz des strikten Technikverzichts, des Verzichts auf Geigerzähler und Gammaspektrometer zum Beispiel, geradezu selbstmörderisch. Auch wer sich in den Wald zurückzieht, auf Autarkie bedacht, allein seinen Sinnen vertrauend, braucht mindestens den Transistor, um zu wissen, ob Salat und Pilze, Beeren und Wildbret ohne Gesundheitsrisiken genießbar sind. Verläßt er sich nur auf seine Sinne: Auge, Nase, Mund und Hand – so ist er verlassen! Autarkie, Rückzug, Privatheit – das sind hoffnungslos utopische Träumereien von gestern und vorgestern. Wer sich aber der Wirklichkeit, in der er lebt, nicht mehr autonom vergewissern kann, weil er nicht mehr »Herr seiner Sinne« ist, verliert auch die letzte Chance, wenigstens für sich allein einen abweichenden Lebensentwurf zu realisieren.

144

»Fehlerfreundlichkeit« statt Kampf gegen den Fehler

Die Zuverlässigkeitstechnik, die wir entwickeln, dient, wenn sie funktioniert, entweder der Fehler*vermeidung* oder – im Havariefall – der Fehler*bewältigung*. Sie erhöht Tüchtigkeit und Zuverlässigkeit des Funktionierens, ohne indes bei großen Systemen das Manko der »Fehlerhypothetizität« (W. Häfele) restlos beseitigen zu können.

Ein solches strukturell unaufhebbares »Manko« kann jedoch nur entstehen, wenn ein Funktionsablauf so konzipiert ist, daß jedes unvorhergesehene Ereignis zwangsläufig »stört«. Nur wo der Fehler zum Störfall wird, müssen Fehler aufwendig bekämpft werden. Das Konzept, welches Christine und Ernst Ulrich von Weizsäcker demgegenüber vorschlagen, lautet: *Fehlerfreundlichkeit statt Kampf gegen den Fehler!* »Wir empfinden eher das Übermaß an Tüchtigkeit als bedrückend und halten den Mangel an Fehlerfreundlichkeit für viel gravierender. (. . .) Zuverlässigkeitstechnik dient ja (. . .) nur der Fehlerbewältigung, die nur eine Komponente der Fehlerfreundlichkeit ist. Explorieren, Lernen, Phantasie sind für die Sicherheitstechnik Störfaktoren. Menschliche (einschließlich moralischer) Fehler und die typisch menschlichen Gedankenausflüge werden am Schaltpult gefährlicher Maschinen zur schweren Belastung.« (1984, S. 192 f.)

Im Ergebnis könnte eine Strategie der Fehlerfreundlichkeit eine ganze Reihe von Vorteilen bieten: Sie wäre prinzipiell sicherer; sie vermiede vor allem ultimative Risikonötigungen; sie böte Chancen der Verbesserung und Weiterentwicklung von Kenntnissen und Erfahrungen; und sie wäre erheblich kostengünstiger; und dies nicht nur unter Berücksichtigung hypothetischer Katastrophenkosten, sondern gerade auch im »Normalbetrieb«, weil hier ja ein erheblicher Teil der aufwendigen Zuverlässigkeitstechnik wegfiele, die fast immer *Zusatz*technik ist, ein funktionsunabhängiger *Mehr*aufwand, der, ähnlich wie die Rüstung, in der Hoffnung eingegangen wird, daß er sich als »überflüssig« herausstellt.

Es gibt keine exakten Aufschlüsselungen nach »Funktions-« und nach »Sicherheitsinvestitionen«. Doch hat sich in vielen gerade der entwickeltsten Techniksektoren der Anteil des Sicherheitsaufwands problematisch erhöht.

Wir kennen die parallele Erfahrung aus einem ganz anderen

Bereich: dem Bereich der privaten und kollektiven Bewältigung von Lebensrisiken. Auch hier sind die Kosten, zu denen wir uns gegen Risiken aller Art »versichern«, in den zurückliegenden zwanzig Jahren dramatisch angestiegen – als Folge vor allem der Tatsache, daß unsere soziale Welt ihre Eigenständigkeit verloren hat und zur ungeschützten Komplementärstruktur des technischen Entwicklungsprozesses geworden ist.

Wie die technische ist auch die soziale Umwelt nicht fehlerfreundlich eingerichtet. Die Übersicherungskrankheit ist eine zwangsläufige Folge des Verlusts der sozialen Fehlerfreundlichkeit. Je mehr wir vereinsamen und vereinzeln, um so mehr müssen wir für sekundäre Sicherungssysteme aufwenden.

Genausowenig, wie wir ausgerechnet die Anzahl der Krücken und Prothesen, mit denen wir den Körper stützen, zur Maßzahl für die Bewegungsfitness machen, genausowenig sollten die Vorsorge- und Kompensationseinrichtungen des Sozialstaats und sollten die großtechnischen Sicherheitsapparaturen als Gradmesser für sozial und technisch bekömmliche Problemlösungen genommen werden. Im Gegenteil. Für die sozialstaatlichen Einrichtungen wie für die Großtechnik gilt: Je größer der »sekundäre« Sicherheitsbedarf, je mehr kompensatorische Sicherungs- und Ausgleichsmaßnahmen erforderlich werden, um so weiter entfernen wir uns von sozial wie technisch bekömmlichen Dimensionen der »Beherrschbarkeit« von Risiken.

Der Irrtum als »ontologische« Grundfigur oder Das Regelmaß des Lebendigen

Giambattista Vicos Einsicht, daß der Mensch nur erkenne (und anerkenne), was er selbst *gemacht* und geformt habe, seine Erwartung, daß *Machen* das *Deuten* verdrängen werde und *Ergreifen* das *Begreifen*, hat sich als geradezu prophetisch erwiesen. Nichts vermag präziser unsere Haltung gegenüber der Natur zu beschreiben: Wir versimpeln sie zum toten Material, wir sezieren und zerlegen sie; kurz, wir behandeln das Lebendige als ein Stück lebloser Physik. Im Bereich der mechanischen Kausalität gibt es keinen Irrtum. Das Lebendige dagegen ist der »Irrtum live«: das Bewegliche, Veränderliche, Unglatte, Unrunde, das regelmäßig

Unregelmäßige und das unregelmäßig Regelmäßige. Nur wenn wir dieses vieldeutige Lebendige *eindeutig* machen, es »feststellen« und auf die Dimension der anorganischen Entropie zurückführen, bekommen wir es irrtumsfrei in den Griff und können jene »verläßlichen« Voraussagen machen, denen sich organische Entwicklungsvorgänge ebenso versagen wie kreative Prozesse.

Es spricht manches dafür, daß der »Irrtum« in Gestalt der Abweichung in einem noch fundamentaleren Sinn eine »ontologische« Grundfigur repräsentiert: Möglicherweise verdankt sich nicht nur die Evolution des Lebens, des Verhaltens und schließlich des Handelns seiner Produktivkraft; möglicherweise wirkt diese sogar hinter gewissen »Ereignis-« und »Prozeßstrukturen« der Materie selbst.

Mit aller gebotenen Zurückhaltung könnte man einige der neuesten Forschungen über die Grenze zwischen Ordnung und Chaos und die Bedingungen ihres Eintritts in diesem Sinne deuten: im Sinne einer »heimlichen Regelhaftigkeit des Irrtums«, die zutage tritt, wenn man im abstrakten mathematisch-statistischen Modell eine Vielzahl von Abweichungen simuliert. Das Studium der grundsätzlichen Eigenschaften nichtlinearer »dynamischer Systeme«, wie sie in der Natur häufig auftreten: in Frostaufbrüchen und bei elektrischen Entladungen, in Flüssigkeiten und Gaswirbeln, an Küstenprofilen und Wolkenbildern, hat ein höchst merkwürdiges Phänomen zutage gefördert – das der »Selbstähnlichkeit« fraktaler Strukturen bei ganz unterschiedlichen Maßstäben.

Gibt es eine Entsprechung der ordnungsstimulierenden Funktion des »Irrtums« also auch in den elementaren Naturprozessen? Produziert die Abweichung vom Regelhaften mithin kein Chaos, sondern ihrerseits wieder »Regelmäßigkeit«? Und sind möglicherweise Chaos und Unregelmäßigkeit, die wir zu sehen vermeinen, nur Bestandteile einer Ordnung, deren strukturierendes und balancierendes Prinzip wir noch nicht erkannt haben? Ist das Chaos eine Schimäre der Wahrnehmung, eine Folge der allzu eng bemessenen zeitlichen und räumlichen Wahrnehmungsschritte?

Das »Fraktale« (H. O. Peitgen, P. H. Richter, 1986) jedenfalls ist mehr als nur ein Konstrukt mathematischer Kuriosität, wie es etwa die berühmte »Kochsche Kurve« darstellt; es ist ein unverzichtbares Element in der Beschreibung der Welt komplexer Körper, wie sie uns in den natürlichen physikalischen Erscheinungen begegnet. Das Natürliche als das Unglatte, das unwiederholbar Einmalige in der unaufhörlichen Wiederkehr des Gleichen kennt als einzig verläßliche Regel die Unregelmäßigkeit selbst. Das Paradoxe dieser Feststellung indes lebt bezeichnenderweise davon, daß sie sich in einem Atemzug auf zwei konkurrierende Ordnungsvorstellungen bezieht und diese gegeneinander ausspielt: Was für die an den physikalischen Modellen der Festkörperphysik geschulten Ordnungsvorstellungen als »Unregelmäßigkeit« erscheint, ist, gemessen am Ordnungsleitbild der Natur, das *Regelmaß des Lebendigen*, welches keine zwei identischen Fasern eines Blattes kennt.

In der Natur scheint gerade der »Irrtum«: das Unrunde, Ungerade, Unglatte, Irreguläre das Regelmaß zu begründen. Die kleine Abweichung erscheint als das, was Maß, Kontinuität und Wiederholbarkeit im Großen sicherstellt. In milliardenfach variierter Wiederkehr scheinen die kleinen »Unregelmäßigkeiten« so etwas wie Pufferzonen und dilatorische Hemmschwellen wider die plötzliche Irrtumskatastrophe des Ganzen zu bilden. Abweichungen und Vielfalt, die innerhalb von bestimmten Schwankungsbandbreiten verbleiben, richten in der Natur offenbar kein »Chaos« an, sondern stimulieren ein dynamisches Ordnungsgefüge.

Während die Technik ihre Erfolge der Genauigkeitsstrategie der »harten Kanten« verdankt, setzt die Natur bei ihren »Evolutionserfolgen« – jedenfalls jenen, die sich als kostengünstige »Adaptivitätserfolge« interpretieren lassen – auf die flexible Anpassungsstrategie der »weichen Ränder«. Als solche kann man den Kranz von kleinen und kleinsten Abweichungen und »Irrtümern« begreifen, der sich locker um alle Objekte und »Ereignisse« des organischen und anorganischen Bereichs legt. Die vielen kleinen Irrtümer bilden in all ihrer Flexibilität und »Weichheit« ein äußerst wirkungsstarkes Bollwerk wider allzu abrupte Veränderungskatastrophen.

In der Natur scheint also die Abweichung beides zu verbinden und zu versöhnen: Chaos und Ordnung, Vielfalt und Einheit, Wandel und Kontinuität. Für die Natur ist der »Normalfall« nicht die willkürliche und chaotische, sondern die *geordnete* und *strukturierte Vielfalt*. Zur Schaffung und Erhaltung dieser Vielfalt scheint sie sich häufig der »Irrtümer« kleinster bis mittlerer Reichweite zu bedienen, welche die Erfordernisse der Entwicklungsfähigkeit mit jenen des Bestehens und Fortbestehens risiko- und katastrophenvermeidend balancieren.

Die Prozesse der Natur sind dem Chaotischen ebenso fern wie der starren Regelförmigkeit. In ihnen scheint vielfach das Konzept des *integrierten Irrtums* eine Rolle zu spielen. Im Unterschied zu den von Menschen selbst inszenierten technologischen und zivilisatorischen Prozessen, zumal jenen im Bereich katastrophennah operierender Großtechnologie, scheinen sich Fehlerfreundlichkeit, Schadensbegrenzung und Risikominimierung als durchgängige Funktionsprinzipien zu behaupten.

IX. Jenseits von
Heils- und Unheilsgewißheit:
Konturen des ökologischen Humanismus

Ungleichzeitigkeit von Natur- und Menschengeschichte

Technik, die mit einem hohen Grad an Dauergefährdung verbunden ist, »entwöhnt« uns systematisch des Irrtums, ja sie macht uns mit innerer Folgerichtigkeit zu seinem Gegner. In unserem komplizierter gewordenen Alltag erbringen immer mehr Menschen für uns technische Leistungen, auf deren Verläßlichkeit unser Leben und unsere Gesundheit beruhen. Alles hängt davon ab, daß der Apotheker und Chirurg, daß der Lokomotivführer und Busfahrer, der Statiker und Elektriker gut ausgeschlafen und im seelischen Gleichgewicht sind. »Wenn ich mit der U-Bahn fahre, frage ich mich oft mit einer gewissen Furcht, was die innere Wirklichkeit dieses oder jenes Bahnangestellten sein mag . . . Gewiß wirkt alles in ihm und außerhalb seiner darauf hin, diesen Menschen mit seinen Funktionen zu identifizieren (. . .), seine(n) lebensentscheidenden Funktionen.«

Im Prinzip ist, was Gabriel Marcel hier befürchtet, nichts Neues. Zu allen Zeiten haben die Werkzeuge auch ihre Benutzer geformt. Daß die Technik, die optimal bedient sein will, damit sie optimal funktioniert, uns innerlich und äußerlich prägt, ist allein deshalb auf neue Weise problematisch, weil in der ausschließlichen Konzentration auf die Technik und ihre Erfordernisse die jahrtausendelange innige Wechselwirkung von Mensch und vormenschlicher Natur zum Stillstand kommt. Der Mensch bewegt sich als Benutzer der Technik im endlichen »Horizont« des Vorgefertigten, er setzt sich nur noch mit Dingen auseinander, die er selbst gemacht hat. Dies könnte das Spektrum seiner Lernfähigkeit erheblich verengen; insbesondere die Chancen des Irrtumslernens in der kontinuierlichen Begegnung und Auseinandersetzung von »gemachter« und »gefundener« Welt, von angewandtem Wissen (Technik) einerseits und Natur andererseits gehen ihm verloren. Er erfährt nur die eigene »Machensmacht«. Die Bedürfnisse und die möglichen »Eigenrechte«, vor allem aber die letztlich allem Menschenwerk überlegene Macht der Natur, die sich gerade auch *als Mangel* (an Luft und Wasser, an Landschaft und Boden, an Rohstoffen und Regenwäldern, an der Dichte der Ozonschicht und an genetischer Vielfalt) Geltung verschafft, erfährt er erst wieder, wenn es zu spät ist. Zerstörung und Selbstzerstörung sind die Folgen der »totalen Herrschaft« des Menschen. Die Natur, der er mit dem Gebrauch und der Entwicklung seiner Geisteskräfte mehr und mehr entwachsen ist, selektiert nicht mehr seine Taten und Untaten, jedenfalls nicht in den Zeiträumen, die ihm für sein Zerstörungswerk zu Gebote stehen. Die neuen Ungleichzeitigkeiten zwischen der hochselektiven Aufbauarbeit der Natur und der undifferenzierten Naturzerstörung des Menschen, welche der Übergang von der »biologischen« zur »kulturellen Evolution« eröffnet hat, nehmen längst Ausmaße der Bedrohung an, die weit über die Gattungsdimension hinaus auf die Möglichkeit des Lebens selbst zielen.

Der Mensch kann mit den bereits vorhandenen Mitteln der Zerstörung in wenigen Jahrzehnten die natürlichen Selektionserfolge von Jahrmillionen auslöschen. In seinem Verstehen der Natur noch so begrenzt, daß es ihm unmöglich ist, sie wirkungsvoll nachzuahmen oder gar sie zu überbieten, hat der Mensch doch schon so viel verstanden, daß er vermag, sie in ihrer gegenwärtigen Gestalt zu vernichten.

Was ist das für ein Wissen, auf das wir uns so viel zugutehalten und aus dem wir so viele Rechte herleiten? Was hatten Cäsars marodierende Söldnerhaufen von der Welt- und Menschheitsgeltung der antiken Literatur und Wissenschaft begriffen, als sie 47 v. Chr. die 700 000 Buchrollen der Alexandrinischen Bibliothek in Flammen und Rauch aufgehen ließen? Sie haben keine Sekunde gezögert, für die militärische Einnahme einer Stadt mit dem wohl größten kulturellen Verlust der Menschheitsgeschichte zu bezahlen. Ähnlich verloren hat die Menschheit vielleicht nur noch als Pizarro für Spanien das Inkareich »gewann«.

Solcherart sind unsere Siege über die Natur. Solcherart ist unser Begreifen der in ihr versammelten Kunst und Weisheit. Solcherart ist aber auch unser gefeierter zivilisatorischer Fortschritt: Was in Jahrhunderten und Jahrtausenden gewachsen ist an Gebräuchen und Kultur, an Landschaftsbildern und Städten, verschwindet und wird durch massenhaft produzierten, kurzlebigen und an Geschmacklosigkeit meist nicht überbietbaren Plunder und die Moden einer Theorie- und Geschmackssaison ersetzt. Mit dem Tempo der technischen Umweltveränderung sind wir wohl bereits über den Menschen und das zeitliche Kriterium seiner Lebensdauer hinausgelangt. Daher verschwinden auch im sozialen Nahbereich alte Strukturen schneller, als neue aufgebaut werden können oder alt-neue nachwachsen. Weil wir so viel Altes und Vertrautes allzu bedenkenlos hinwegfegenden Fortschritt und sozialen Wandel dulden, sind wir auch zu psychologisch heimatlosen und sozial unbehausten Wesen geworden, auf Schritt und Tritt der ausgleichenden, wiederherstellenden und vorsorgenden Sozialstaatsaktivität bedürftig. Zusammen mit der Natur wird auch die soziale Welt zur Baustelle, aus der Bagger und Krahn nie mehr verschwinden.

Der Mensch ist Evolution und zwar in der passiven *und* aktiven Lesart dieses Satzes: Er ist zum einen selbst evolutionär geworden, eine Hervorbringung der Evolution; und er ist zum anderen »Kopf« der Evolution, auf Zeit mindestens ihr organisierender Generalstab. Mit seinen Entscheidungen schreibt er Evolutionsgeschichte. Das Auftreten des menschlichen Geistes führte geradewegs in die nachbiologische Ära. Nun entscheiden nicht mehr biochemische Mutationen und Selektionen die Kämpfe an der Evolutionsfront, sondern Geist und Technik. Über Jahrtausende fungierte der menschliche Irrtum als »funktionales Äquivalent« des einst dominanten biochemischen Mutationspotentials. Seine Leistung war eine doppelte: Im Entwerfen und Versuchen setzte er die Akzente des Neuen; in der Wahrnehmung und in der Korrektur der Fehler baute er Wissen auf und verschaffte den nötigen Zeitgewinn, kurz: Die Neugier sorgte für das Neue, und die Erfahrung steuerte den Gefahren. Das Zusammenwirken beider Motive, welches der Irrtum vermittelt, stellte Vielfalt, Maß und Gemächlichkeit der Entwicklung sicher.

Der Mensch an der Schwelle zum 2. Jahrtausend ist nicht nur das räumlich – durch Teleskop und Mikroskop, durch Satellitenfernsehen und Interkontinentalraketen – aus seiner Dimension gefallene Wesen. Er ist durch die beispiellose Steigerung der Veränderungsgeschwindigkeit der kulturellen Evolution auch *in der Zeit* heimatlos geworden. Die *Ungleichzeitigkeit* zwischen dem evolutionären Spätling Mensch und der umgebenden Natur bedroht nachgerade beide: die Natur und damit auch den Menschen. Die Natur ist der in wenigen Jahrtausenden gewachsenen menschlichen Zerstörungsmacht so schutzlos preisgegeben wie ein Stamm von Steinzeitjägern den Feuergarben des automatischen Maschinengewehrs. Die Zerstörungskräfte des Menschen und die Abwehrkraft der Natur gehören unterschiedlichen Zeitdimensionen an. Eine zum Ende hin phantastisch beschleunigte *Menschen*geschichte steht gegen die schneckengleiche »slowmotion« der *erd*geschichtlichen Entwicklung. Wir zerstören um ein Vielfaches *schneller*, als Natur »nachwachsen« kann. Wenn Gänsesäger, Birkhuhn und Schwarzstirnwürger ausgestorben sind, und Zippammer, Wasserralle und Heidelerche ihnen folgen, dann wären für die Natur Jahrtausende vonnöten, einen »Ausgleich« zu schaffen. Werden aber dann noch ausgestorbene Singvögel unser Problem sein?

Wir rücken der Natur mit Tausenden von synthetischen Stoffen zuleibe, auf die sie nicht vorbereitet ist. Und sie hat aufgrund der globalen Ungleichzeitigkeit nicht die geringste Chance, eine ihren Zeitdimensionen angemessene *nichtkatastrophische Antwort* zu finden. Die Katastrophenantwort ist programmiert: Wie die wuchernde Krebszelle Teil des menschlichen Gesamtorganismus ist und die sich blind vermehrende Seerose zum Gesamtsystem des Teichbiotops gehört, so ist die technische Zivilisation Teil der Natur- und Erdgeschichte. Der einseitige Verdrängungssieg des Teils über das Ganze ist der Endpunkt eines Vernichtungsfeldzuges, der mit aller Konsequenz im Augenblick des äußersten äußeren Triumphes die eigene Vernichtung inszeniert. Nur Ignoranten und Dummköpfe können glauben, unsere Zivilisation könne den »Weltuntergang« überleben, das Verschwinden des Lebens in der uns geläufigen Form. (Vgl. dieses Buch, S. 42 ff.)

Vielleicht liegt aber hier: in der *Identität* von Triumph und Selbstvernichtung, die Erklärung für die eigenartige Zerrissenheit in der Beurteilung der menschheitlichen Situation: Wenn wir, *uno actu*, siegen und uns selbst vernichten, wenn die scheinbar unvereinbaren Extreme im erweiterten Betrachtungshorizont zur Deckung gelangen, so kann eigentlich gar nicht verwundern, daß, was den »Kurzsichtigen« noch Anlaß für Jubelfeiern ist (»Hundert Jahre Automobil«), den »Weitsichtigen« zum Vorschein der Apokalypse wird.

Wir sind von Heils- und Unheilsgewißheit gleich weit entfernt. Jedes Wort zur Position eines dekadenten Effizienz- und Interessenchauvinismus, der uns mit Computer und Cadmium, mit Automobil und Atomstrom die Heilsgewißheit verkaufen möchte, erübrigt sich. Wie nah wir aber schon dem Unheil sind oder wie fern noch – das kann mit Gewißheit niemand sagen. Hans Jonas ist zuzustimmen, daß in Situationen des Letztrisikos der Unheilsprognose Vorrang vor der Heilsprophezeiung gebühre. Sinn dieser Ermahnung ist aber gerade nicht, die affirmative Dekadenz der Gedankenlosigkeit durch die zynische Dekadenz des Verzweiflungsfatalismus auszutauschen. Furcht, die Jonas in ihr Recht setzen will, darf nicht lähmen, sie muß zum Handeln befreien. (Vgl. dieses Buch S. 124)

Anders als der ökonomisch orientierte Fortschreibungsprognostiker zielt der Philosph keineswegs ausschließlich auf die Ermittlung dessen, was heute ist und deshalb morgen sein wird; es geht ihm nicht in erster Linie um punktgenaue oder besonders pfiffige Trendermittlung, sondern darum, was ist, in Beziehung zu setzen zu dem, was *vernünftig* ist. Unter bestimmten Bedingungen ist die Vernunft auch prognostische Kraft. Denn »das Vernünftige« ist nicht so ohnmächtig, bloß »gesollt« zu werden, es »vollbringt sich« auch! (Hegel)

Alle sollten einstimmen, alle, die den Menschen, diesen genialen »Irrläufer« der Evolution, noch nicht aufgegeben haben: Wir lassen uns den Irrtum nicht verbieten, den Irrtum nicht und nicht die Unvollkommenheit!

Der Kampf gegen den Irrtum, der paradigmatische Kampf unserer Epoche, ist der Kampf um die Prärogative zwischen Mensch und Maschine.

Der Kampf gegen den Irrtum ist der mit letzter Konsequenz ausgefochtene Kampf gegen den Menschen, den einzigen ernstzunehmenden Widersacher, den letzten noch verbliebenen Störenfried der technischen Ordnung. Wie wird diese Auseinandersetzung enden? Wird sie überhaupt von einer hinreichenden Zahl von Betroffenen angenommen?

Ernstfallgewöhnungen oder
Difficile est satiram non scribere

Anlaß zu übertriebenem Optimismus gibt es nicht. Allzu viele beugen allzu bereitwillig ihr Haupt vor den Geßlerhüten sogenannter technischer Sachzwänge. Nehmen wir – von Grenzwerteverordnungen, Smogalarmplänen, Atomschutzbunkern und anderen *Ernstfallgewöhnungsmaßnahmen* einmal ganz abgesehen – nur die Bereitwilligkeit, mit welcher wir uns den maschinenlesbaren (!) Ausweis verordnen und verordnen lassen: Wer ist eigentlich noch imstande, die makabre Pointe dieses Vorgangs wahrzunehmen? Difficile est, satiram non scribere ... Der Mensch, allenthalben von der »Megamaschine« umstellt und bedrängt, verpflichtet sich selbst, im 5. Jahrhundert nach Gutenberg, auf ein Ausweispapier – und auf Preisauszeichnungen, Formulare, Kontoauszüge, Strom- und Gehaltsabrechnungen u. v. a. m. –, das er selbst allenfalls noch mit äußerster Mühe, »die Maschine« dagegen bequem und sicher lesen kann. Selten wohl ist eine dümmere und devotere Kapitulationsurkunde unterzeichnet worden: Wir »identifizieren« uns mit einem speziell präparierten Kärtchen, das wir der Maschine vorlegen, die – nicht mehr der Artgenosse Polizist oder Zöllner – mit teilnahmsloser Unerbittlichkeit annimmt oder ablehnt.

Wir feiern solche und ähnliche Dokumente der freiwilligen Selbstpreisgabe völlig korrekt als »technische Errungenschaften«. Jawohl, genau das sind sie: Errungenschaften der Technik, die dem Menschen Hohn sprechen; Siege der technischen über die menschlichen Bedürfnisse; Fort-schritte, die uns, kaum erst der Naturgeschichte entwachsen, auch schon der Menschengeschichte entfremdet haben und nun gar den persönlichen Lebenszusammenhang und die persönliche Geschichte auflösen.

Euphemismus Mensch oder Vom Homo extinctor zum Homo extinctus

Ulrich Horstmanns oft mißdeutete »Philosophie der Menschenflucht« (1983) läßt im Gewande der kaum noch identifizierbaren Satire die vielfältigen Konfigurationen der großen Irrtumskatastrophen der Menschheit Revue passieren und zeigt, mit welcher

Unbeirrbarkeit und Konsequenz wir die allerneueste, alle bisherigen übertreffende Irrtumskatastrophe vorbereiten. Indem er dies enthusiastisch begrüßt (»Vermonden wir unseren stoffwechselsiechen Planeten!«) und zum guten Gelingen ermuntert, vertreibt er uns auch den letzten schützenden Nebel, der sich um das Aberwitzige unseres Tuns legen könnte. Wir sind schonungslos mit uns konfrontiert: Auf, Tiere, boykottieren wir den Euphemismus Mensch! Anstiftungen zur Menschlichkeit in unmenschlicher Zeit bedürfen wohl der satirischen Mimikry.

Die literarische Form der Satire ist dem Übermaß des Schreckens angemessen. Die Satire ist der Euphemismus unserer Angst. Wer eine Satire schreibt, kann sich ohne jede Einschränkung zu den Motiven dieser Angst bekennen, er ist nicht gezwungen, sich mit der eingeschriebenen Hoffnung vom Entsetzen zu dispensieren. Wir verfehlen das Übel, das keine menschliche Dimension mehr kennt, zwangsläufig, wenn wir es nur »korrekt« abbilden. Der Satiriker nimmt dem Leser die Chance, das Schreckliche im eigenen Erschrecken zu »enthaupten«. Indem er uns die reinigende Wirkung des Entsetzens vorenthält, zwingt er uns, dem Entsetzen standzuhalten. Nur wer das Übermaß des Schrecklichen (scheinbar) bejaht, braucht es nicht zu verkürzen!

Mit der Selbstvernichtungskompetenz ist in der Tat wohl die entscheidende Fähigkeit benannt, die in nahezu jeder Hinsicht: geistig, moralisch, wissenschaftlich, religiös, politisch, ja ästhetisch eine neue, mit allem Gewesenen unvergleichliche Situation schafft. Stets war für unser ethisches und kulturelles Streben die Frage essentiell: Was können wir *zerstören*? Wie weit reicht unsere Vernichtungskraft? Größe und Reichweite der *Verantwortung* richten sich stets nach der Größe und Reichweite unserer *Zerstörungsmacht*: Wir sind für etwas verantwortlich, weil wir es zerstören können.

Allein, was vermochten wir bisher schon? Wir, die wir alles können, wir, (möglicherweise) die letzte Generation derer, die sterben müssen, sind zugleich die letzte Generation derer, die zum Leben verurteilt waren. *Wir können allem ein Ende setzen.* Es ist gut, daß es Bücher gibt und Autoren, die dieses alles entscheidende Neue so aussprechen, daß man es nicht überhören kann. Wir können nicht weghören, weil der Autor hier – gewiß versuchsweise und in hörpädagogischer Absicht – zum anthropofugalen

Letzt-Gefecht, zur feierlichen »Gegen-Schöpfung« aufruft. Dem kann keiner sich entziehen. Jeder muß sich entscheiden, ob er den »qualitativen Sprung« vom *homo extinctor*, dem auslöschenden Menschen, der wir längst sind, zum *homo extinctus*, dem ausgelöschten Menschen, auf den wir uns zubewegen, in Gedanken mittun kann oder nicht; ob wir offen einstimmen könnten in die heimliche Sehnsucht nach dem Nicht-Sein, dem Un-Geschehen, der verlockenden »Freiheit des Anorganischen«. Von der Theorie des »letzten Gefechts« ging immer schon eine irritierende Faszination aus. Sie ist auch im satirischen Faszinosum der »letzten Katastrophe« lebendig: »Das Reißen und Schlingen, das Zermahlen und Ausbluten, das Stechen und Kröpfen, dieser ohne Unterlaß wütende Bürgerkrieg alles Lebendigen ist nie gewesen; und der Geist, der sich endlich aufgesetzt hat über den Hinterläufen und bei sich beschloß, daß es genug sei, ist zu seinem eigenen Hirngespinst geworden. In einem Feuerwerk ohnegleichen ist er untergegangen, und mit dem Aufsteigen der letzten Rakete sind die Spuren getilgt, die ein Einzeller in Äonen hinterließ und die das Antlitz der Erde furchten wie sonst nur Gletscher und Glaziale.« (Ulrich Horstmann, 1983, S. 110)

Doch lassen wir uns von Bildern und Begriffen nicht verwirren: Es sind nicht die Zerstörer, welche zerstören. Fast immer wirkte, wer im Kleinen zerstörte, ungewollt daran mit, daß im Großen das Spiel weitergehen konnte. Das entschuldigt keine einzelne in der Äonenkette menschlicher Scheußlichkeiten. Aber es bewahrt uns – vielleicht – davor zu verkennen, was uns die Ordnungsbringer bringen und wohin uns die Vollkommenheitsvisionäre der »technischen Errungenschaften« vervollkommnen. Die Katastrophe menschlicher Gegen-Schöpfung kommt, wenn sie kommt, aus der Dimension punktgenauer Präzision, sie kommt als namenloser Abkömmling einer seelenlosen Ordnung; sie ist kein Kind der kopflosen Leidenschaften, der grundlos-menschlichen Grausamkeit, der Einsamkeit und Freiheit eines Verzweifelten, der auf einen individuellen Namen hört.

Die Irrtumskatastrophe wächst, wenn sie sich denn ereignet, aus dem mechanischen Denken und Handeln, nicht aus unserer Freiheit. Die »letzte globale Tathandlung« (U. Horstmann, 1983, S. 53) des Homo sapiens, der letzte, der große, der endgültige Irrtum ist kein Kind der Freiheit, sondern des routinierten Planzwanges. Ironischerweise ist der Ernstfall des letzten Irrtums der Menschheit schon tausende Male »unernst« in strategischen Planspielen und in Computersimulationen durchgespielt worden. Bei diesem Irrtum müßte also jeder Irrtum ausgeschlossen sein! Die Chance, daß uns »die Aufhebung allen Wollens ins absolute Nichtwollen« (vgl. E. v. Hartmann, 1913, Bd. 2, S. 220) präzise gelingt, ist nach so viel »Ernstfallprävention« recht gut.

Noch vor wenigen Jahren hätte ich mich ohne zu zögern wider Zerstörer und Zertrümmerer auf die Seite der Ordnung gestellt; inzwischen bin ich überzeugt, daß das Boot, wenn es kentert, auf der Seite der »Ordnung« kentern wird . . .

Herrenmensch und Softie oder
Was spricht gegen Plastikbäume?

Wir haben uns in den letzten Jahrhunderten unserer Geschichte von der Natur gründlich verabschiedet. Dieser Abschied markierte wichtige Etappen im säkularen Kampf gegen den Irrtum. Mit diesem Abschied haben wir uns aus einem Feld der Abhängigkeit gelöst, aus welchem uns in der ferneren Vergangenheit der »Rohstoff« für eine Fülle von Fehlern und Irrtümern zugewachsen war. Verhaltensgewißheit, Planbarkeit und Verläßlichkeit sind Folgen der Naturbeherrschung: Wir »beherrschen« – in manchen Bereichen mit prognostischer Kompetenz – die einstigen Quellen für Unruhe und Diskontinuität in der belebten Natur. »Die einzigen Tiere, deren Verschwinden die biologische Lebensfähigkeit des Menschen auf der Erde (noch) bedrohen kann, sind die Bakterien, die normalerweise in unserem Körper leben. Abgesehen davon gibt es keinen überzeugenden Beweis dafür, daß die Menschheit nicht als einzige Tierart auf der Erde weiterleben könnte! Wenn wirtschaftliche Wege zur Synthese von Nahrungsmitteln aus anorganischem Rohstoff entwickelt werden könnten – und das wird wahrscheinlich früher oder später der Fall sein –, kann der Mensch vielleicht sogar von Pflanzen unabhängig werden . . .« (E. Rabinowitch, zit. nach E. F. Schumacher, 1977, S. 94 f.) Millionen von uns leben und überleben längst in den Asphaltdschungeln von Megalopolis in quasi »azoischen Habitaten«. Haben wir die ursprünglichste aller Abhängigkeiten, die

Abhängigkeit von der Natur, also besiegt? Ist der Mensch aus eigener Kraft »erster Freigelassener der Schöpfung«? Oder gibt es jenseits von simplen Nutzenkalkülen die unlösbare Rückbindung auch aus Pflicht und überlegener Einsicht? Könnte es sein, daß wir, gerade wenn wir (fast) alles können, um vieles weniger dürfen, als wir durften, da wir noch weniges vermochten?

Was spricht eigentlich gegen den »Herrenmenschen« und für den »Softie« im Umgang mit der Natur? Was spricht gegen Plastikbäume, synthetische Singvogelstimmen und gegen das Verschwinden bestimmter Gras- und Wühlmausarten? Was spricht gegen den Anthropozentrismus und für strikte Wirkungsbegrenzungen des Menschen, z. B. durch eine strenge Artenschutzgesetzgebung?

Neben der langen Reihe ganz unterschiedlicher Utilitäts-Argumente, welche die ökonomischen und/oder ökologischen Vorteile summieren, verdienen vor allem zwei abweichende Argumentationsfiguren unser Interesse: Die erste begründet die Pflicht zur Zurückhaltung mit den Grenzen, welche ein angenommenes »Eigenrecht« der nichtmenschlichen tierischen und pflanzlichen Natur allen menschlichen Einwirkungen setze: »Alle heutigen und zukünftigen Systeme, die hinreichend einmalig und unersetzlich sind, haben gleiches Recht auf Erhaltung und Entfaltung.« (Hartmut Bossel, 1978)

Ein so definiertes »Eigenrecht« führt uns aber seinerseits in irreduzible Begründungsnöte. Erlegt es doch dem Menschen und der kulturellen Evolution Pflichten auf, mit welchen keine andere Spezies zuvor konfrontiert war: Der Vermehrungs- und Expansionserfolg einer Art wurde nahezu immer im Verdrängungswettbewerb mit anderen Arten errungen. Im rücksichtslosen Konkurrieren um knappe Ressourcen gehörte das Kommen und Gehen von Arten, gehörten Artengeburt und Artentod sozusagen zum Evolutionsalltag. Erst menschlichem »Gemeinsinn« (Carl Amery) wird jetzt zugemutet, daß er sich in einem Akt wahrhafter »Grenzüberschreitung« über den Menschen selbst hinaus öffne.

Doch geht dies? Können die Gegner des Anthropozentrismus, können die Verfechter natürlicher »Eigenrechte« solche Eigenrechte anders denn *als Menschen* geltend machen? Auch wenn sie für die Binnenstruktur ihrer Argumentation die Zentralstellung des Menschen, hehren Absichten folgend, aufheben, bleibt ihre

Sicht der Natur unaufhebbar *anthropogen*. Der Mensch ist nun mal weder aus Holz, noch hat er Klauen und Eckzähne wie der Tiger. Er kann die Welt nur durch Menschenaugen sehen – auch dort, vielleicht gerade dort, wo er bemüht ist, sich die Brille des Säbelzahntigers oder das Lorgnon des Mammutbaumes zu verordnen. Die zweite Argumentation attackiert zwar ebenfalls erfolgreich den Anthropozentrismus, indem sie ganz bewußt Verletzbarkeiten und Eigenansprüche des nichtmenschlichen Lebens respektiert. Aber sie stellt nicht den *Humanismus* dieser Perspektive in Frage, da sie unsere Pflicht gegenüber der Natur letztlich immer *aus der Interessendimension des Menschen* – wenn auch einer sehr weit gefaßten – zu begründen sucht. Sie deutet diese Sicht geradezu gattungsperspektivisch im Sinne eines *ökologischen Humanismus*, der sowohl die Grenze zwischen Natur und Kultur als auch die Grenze zwischen Gegenwart und Zukunft überwindet. Der Mensch respektiert die ihn umgebende Natur in ihrer Vielfalt *als Mensch*, d. h. als ein Wesen, welches sich nur *im Horizont prinzipieller Unerschöpflichkeit* bewegen kann und will, sich nur hier als frei empfindet und wohlfühlt; das Freiheit und Glück nur dort finden kann, wo das Ergreifen bestimmter Möglichkeiten stets noch einen unausschöpfbaren Rest an weiteren Möglichkeiten bestehen läßt. Weil ihm die Vielfalt der Natur immer auch die eigene Vielfalt widerspiegelt und verbürgt, – deshalb läßt der Mensch sich ihre Bewahrung angelegen sein! Weil er nicht in abgeschlossenen Räumen und mit unverrückbar starren Zeitgrenzen existieren und sich entfalten kann, deshalb ist er *partnerschaftlich* mit der Gesamtnatur verbunden, deshalb ist er um »offene« Zeit-, Raum- und Vielfältigkeitshorizonte besorgt, und deshalb exekutiert er, gleichsam im Wege einer »unbewußten Delegation« (Friedrich Engels), ein Stück weit übergreifende Evolutions(gesamt)geschichte.

Dies spricht gegen Plastikbäume und standardisierte Singvogelstimmen aus dem Lautsprecher! Dies spricht für die Offenheit nach Zeit, Raum und Tiefe!

Dies ist nun freilich mehr und anderes als platter Öko-Utilitarismus der gemütsökologischen Version von »Bruder Bär« und »Mama Stiefmütterchen«. Diese Haltung knüpft an ältere humanistische Traditionsbestände an. Ein ökologisches Weltbegreifen braucht keineswegs die humanistische Tradition preiszugeben. Es

wird aber gewiß mit den Einseitigkeiten des ökonomisch-materia-
listischen Humanismus liberal-bürgerlicher wie marxistisch-so-
zialistischer Provenienz brechen und zu einer ganzheitlichen Sicht
jenseits der spätaufklärerischen Philosophiepositionen »der halben Wahrheiten« vorstoßen.

Werkzeug und Geist

Der holländische Historiker Jan Huizinga hat in seinem Werk
»Homo ludens« eindrucksvoll gezeigt, wie sehr die kulturelle
Gesamtentwicklung des Menschen im Spiel wurzelt, in der freien
Selbsterfahrung, im inszenierten Versuchs- und Irrtumslernen.
Das Spiel weit mehr als die Arbeit ist das »formative Element« in
der menschlichen Kultur. Spielerisch gruppiert der Mensch die
verfestigte Hierarchie der relevanten Tatsachen neu und anders.

Im Ritual und im Spiel, in der Musik und im Tanz, in Sprache
und Mythos, also in seinen künstlerisch-symbolischen Äuße-
rungsformen wird der Mensch zum Menschen.

»Kein einzelnes Merkmal, nicht einmal die Werkzeugherstellung, genügt, um den Menschen zu identifizieren. Spezifisch und
einzigartig ist die Fähigkeit des Menschen, eine große Vielfalt
tierischer Eigenschaften zu einer neuen kulturellen Gegebenheit
zu vereinen: zur menschlichen Persönlichkeit«. (Lewis Mumford,
1977, S. 16) Diese kulturelle »Basiserrungenschaft«, der alles
weitere sich verdankt – von der Demokratie bis zum Dynamo,
vom Gilgamesch-Epos bis zur Gegensprechanlage –, ist heute
bedroht. Wie der Vogel die Luft und der Fisch das Wasser, so
braucht die menschliche Persönlichkeit, um sich zu erhalten und
zu erweitern, das Medium, dem sie entstammt: das Spiel von
Versuch und Irrtum.

Die Geschichte der Technik hat eine lange, nicht-technische
Vorgeschichte, in welcher Kräfte und Mächte des menschlichen
Geistes sich formieren und der Mensch das aus sich selbst macht,
was ihn befähigt, etwas aus seiner Umwelt zu machen.

Bevor er Felder und Felsen bearbeiten konnte, mußte er erst
sich selbst »bearbeiten«; bevor er daran gehen konnte, seine
Werkzeuge und Gerätschaften zu vervollkommnen, mußte er erst
sich selbst organisch, geistig und kulturell vervollkommnen.

Die lange Periode, während der der menschliche Geist sich formiert, bildet die »Inkubationszeit« für alle kulturellen Folgeentwicklungen, auch für die Technik. Lange vor dem technischen »Durchbruch«, der sich für uns in den frühen Werkzeugfunden dokumentiert, hatte sich in Prozessen ungeheurer geistiger Aktivität ein Potential aufgebaut, welches bis heute die unverzichtbare »infrastrukturelle Vorleistung« an Geist und Kreativität auch für die entwickeltsten Formen technologischer Weltgestaltung darstellt. Wir bedürfen dringend einer erweiterten Interpretation unserer Geschichte und Vorgeschichte im Sinne der Einbeziehung auch der ungeformten, unorganisierten Äußerungen des Geistigen. Wer in der Interpretation menschlicher Selbstzeugnisse das Sichtbare für das Ganze nimmt, verfehlt nicht nur das Ganze, er mißversteht auch, was er sieht. Die Entwicklung des Geistes ist nicht einfach ein Reflex der Entwicklung der Werkzeuge. Werkzeuge sind immer geronnener Geist. Das Werkzeug folgt dem Geist, nicht der Geist dem Werkzeug. Der Mensch ist nicht, was er tut, er tut, was er denkt.

Erst eine einseitig machensselige und geistfremde Welt, erst das Werkzeug, welches quasiimperialistisch das Gesamtpanorama der kulturellen Lebensäußerungen in der metatechnischen Zivilisation erfüllt, stößt diese Rangfolge um. Werkzeughörigkeit und »maschinelle Infantilisierung« (Günther Anders) sorgen für die Anpassungsleistungen, dank derer sich der Mensch, zumindest vorderhand noch, als leitender Angestellter des technisch determinierten Weltentwurfs erhält.

Doch kann die Technik selbst die Absage an den geistigen Menschen überleben? Wie sieht eine Technik aus, der das geistige Fundament wegschrumpft, der die subjektiven Impulse und der Fingerzeig der Phantasie abhanden kommen? Bezeugt das, was uns gegenwärtig an der technischen Entwicklung so sehr erschreckt und beunruhigt, nicht bereits den Ungeist der geistlosen Zeit: den schrittweisen Umbau der Welt zur nuklearzeitlichen Überlebenskatakombe?

Den sichtbaren Gefahren und Naturschäden entsprechen die weniger leicht sichtbaren psychischen und sozialen Schäden beim Menschen selbst. Die Natur- und Umweltkrisen sind nur der sichtbare Ausdruck einer Krise der sozialen Gemeinschaft und des menschlichen (Selbst-)Bewußtseins. Unser gestörtes Denken und Fühlen hat die Zerstörungen in der Umwelt und die groteske Gefahren- und Risikenballung in unseren technischen Strukturen hervorgebracht.

Was durch den Geist entstanden ist, kann auch durch ihn vernichtet werden – auch durch sein allmähliches Versiegen. Eine Epoche, welche das Werkzeug (in seiner erweiterten Form als Technostruktur) in die Leerstelle der menschlichen Persönlichkeit einrücken läßt, schneidet sich von den Quellen ihrer eigenen Kreativität ab.

Kapituliert der Artefaktor vor der Unduldsamkeit seiner Artefakte? Erleben wir in den Zwängen und Nötigungen der fehler- und irrtumsfeindlichen Großtechnik die pseudonyme Wiederkehr des Fatums?

Unsere Chance liegt darin zu erkennen, daß die Maschine nur ein »Mythos« (Lewis Mumford) ist, ein sterblicher Gott, der von Gnaden des erkennenden menschlichen Geistes existiert – jedenfalls solange wir nicht zulassen, daß er selbst sich an die Stelle dieses Geistes setzt.

Literatur

Adorno, Th. W., Horkheimer, M., Dialektik der Aufklärung, Frankfurt/M. 1969.

Altner, G., Fortschritt wohin? Der Streit um die Alternative, Neukirchen 1984.

ders. (Hrsg.), Der Darwinismus, Darmstadt 1981.

Anders, G., Die Antiquiertheit des Menschen, Bd. I und II, München 1979, 1980.

Amery, C., Natur als Politik. Die ökologische Chance des Menschen, Reinbek 1976.

ders., Charakterwechsel nach Feierabend, in: Natur 2 (1982), Nr. 8, S. 63.

Arendt, H., Vita activa oder Vom tätigen Leben, München 1960.

dies., Eichmann in Jerusalem. Ein Bericht von der Banalität des Bösen, Reinbek 1978.

Axelrod, R., Die Evolution der Kooperation, München 1987.

Baudrillard, J., Die fatalen Strategien, München 1985.

Beck, U., Die Risikogesellschaft, Frankfurt/M. 1986.

Birnbacher, D. (Hrsg.), Ökologie und Ethik, Stuttgart 1980.

Bloch, E., Das Prinzip Hoffnung, 2 Bde., Berlin-Ost 1954.

Blumenberg, H., Wirklichkeiten, in denen wir leben, Stuttgart 1981.

ders., Die Legitimität der Neuzeit, Frankfurt/M. 1966.

Bonß, W., Hartmann, H. (Hrsg.), Entzauberte Wissenschaft, in: Soziale Welt, Sonderband 3, Göttingen 1985.

Bossel, H., Bürgerinitiativen entwerfen die Zukunft. Neue Leitbilder, neue Werte. 30 Szenarien. Ein Alternativbericht des Öko-Instituts Freiburg, Frankfurt/M. 1978.

Boulding, K., Economics of Pollution, New York 1971.

Cavanna, H. (Hrsg.), Die Schrecken des Jahres 2000, Stuttgart 1977.

Cioran, E.M., Der Absturz in die Zeit, Stuttgart 1972.

ders., Lehre vom Zerfall, Stuttgart 1978.

Crick, B., Eine Lanze für die Politik, München 1966.

Dahrendorf, R., Pfade aus Utopia, München 1967 (darin bes. »Homo Sociologicus«, S. 128 ff.).

Darlington, C.D., Die Wiederentdeckung der Ungleichheit, Frankfurt/M. 1980.

Dawkins, R., The Selfish Gene, dt. Berlin 1978.

Descartes, R., Discours de la Méthode, dt. hrsg. von L. Gäbe, Darmstadt 1960.

Deutsch, K.W., Politische Kybernetik. Modelle und Perspektiven, Freiburg/Br. 1970.

Dierkes, M., Petermann, T., Thienen, V. v., (Hrsg.), Technik und Parlament. Technikfolgen-Abschätzung: Konzepte, Erfahrungen, Chancen, Berlin 1986.

Ditfurth, H. v., Der Geist fiel nicht vom Himmel. Die Evolution unseres Bewußtseins, Hamburg 1976.

Dreitzel, H.P., (Hrsg.), Sozialer Wandel, Zivilisation und Fortschritt als Kategorien der soziologischen Theorie, Neuwied, Berlin 1967.

Drury, C.G., Fox, J.G. (Eds.), Human Reliability in Quality Control, London 1975.

Eigen, M., Schuster, P., The Hypercycle, Berlin 1979.

Einführung in den Konstruktivismus, München 1985 (Schriften der Carl Friedrich von Siemens Stiftung, Bd. 10).

Engels, F., Herrn Eugen Dührings Umwälzung der Wissenschaft, in: MEW, Bd. 20, Berlin (Ost) 1956 ff., S. 1 ff.

Erasmus von Rotterdam, Das Lob der Torheit, Stuttgart 1972.

Existenzwissen, Frankfurter Hefte, Sonderheft 5, Frankfurt/M. 1983.

Fair, C.M., Das fehlprogrammierte Gehirn, München 1969.

Fetscher, I., Arbeit und Spiel, Stuttgart 1983.

Fichte, J.G., Die Grundzüge des gegenwärtigen Zeitalters (1804-05), Sämtliche Werke, Bd. VII, Berlin 1971.

Finkielkraut, A., Die Weisheit der Liebe, München 1987.

Foucault, M., Die Ordnung der Dinge, Frankfurt/M. 1971.

ders., Von der Subversion des Wissens, München 1974.

Frankl, V.E., Man's Search for Meaning, Boston 1962.

ders., Der Pluralismus der Wissenschaften und das Menschliche im Menschen, in: A. Koestler, J.R. Smythies (Hrsg.), Das neue Menschenbild. Die Revolutionierung der Wissenschaften vom Leben. Ein Internationales Symposion, Wien, München, Zürich 1970.

Friedrich, C.J., Politik als Prozeß der Gemeinschaftsbildung, Köln, Opladen 1970.

Fromm, E., Anatomie der menschlichen Destruktivität, Stuttgart 1974.

ders., Haben oder Sein. Die seelischen Grundlagen einer neuen Gesellschaft, neu bearb. Aufl., Stuttgart 1979.

Gadamer, H.G., Die Aktualität des Schönen. Kunst als Spiel, Symbol und Fest, Stuttgart 1977.

ders., Wahrheit und Methode, Tübingen 1960.

Gladitz, N., Lieber heute aktiv als morgen radioaktiv, Berlin 1976.

Global 2000, Der Bericht an den Präsidenten, dt. hrsg. von R. Kaiser, Frankfurt/M. 1980.

Gontscharow, I.A., Oblomow (1859).

Gronemeyer, M., Acht richtige Sätze und warum ich für ihr Gegenteil plädiere, in: J. Beck u.a., Das Recht auf Ungezogenheit, Reinbek 1983, S. 85 ff.

Guggenberger, B., Bürgerinitiativen in der Parteiendemokratie, Stuttgart 1980.

ders., Für einen ökologischen Humanismus. Die Erhaltung einer fehlerfreundlichen Umwelt als zukunftsethischer Imperativ, in: T. Meyer, S. Meyer, S. Miller, a.a.O., S. 52 ff.

ders., Das Menschenrecht auf Irrtum, in: Universitas 4, 1987, S. 307 ff.

ders., Sein oder Design. Zur Dialektik der Abklärung, Berlin 1987.

ders., Kempf, U. (Hrsg.), Bürgerinitiativen und repräsentatives System, 2., neubearb. und erw. Aufl., Opladen 1984.

ders., Offe, C. (Hrsg.), An den Grenzen der Mehrheitsdemokratie. Politik und Soziologie der Mehrheitsregel, Opladen 1984.

Habermas, J., Der Eintritt in die Postmoderne, in: Merkur 10 (1983), S. 752 ff.

ders., Die Neue Unübersichtlichkeit. Die Krise des Wohlfahrtsstaates und die Erschöpfung utopischer Energien, in: Merkur, 1 (1985), S. 1 ff.

Häfele, W., Hypotheticality and the New Challenges: The Pathfinder Role of Nuclear Energy, Minerva 12 (1974) S. 303-322; deutsch in Z.f.d. gesamte Versicherungswirtschaft (1975) S. 541 ff.

Hartmann, E. v., Philosophie des Unbewußten, 2 Bde., Leipzig 1913.

Hayek, F.A. v., Die Irrtümer des Konstruktivismus und die Grundlage legitimer Kritik sozialer Gebilde, Salzburg 1970.

Hegel, G.W.F., Die Vernunft in der Geschichte (1822/1828/1830), hrsg. von G. Lasson, 5 Aufl., Hamburg 1955.

Heidegger, M., Sein und Zeit, Halle 1927.

ders., Gelassenheit, Pfullingen 1977.

Henley, E.J., Reliability Engineering and Risk Assessment, Englewood Cliffs 1981.

Henrich, D., Iser, W. (Hrsg.), Funktionen des Fiktiven (Poetik und Hermeneutik X), München 1983.

Hirsch, F., Die sozialen Grenzen des Wachstums, Reinbek 1980.

Hofstadter, D.R., Gödel, Escher, Bach, Stuttgart 1985.

ders., Dennett, D.C., Einsicht ins Ich. Fantasien und Reflexionen über Selbst und Seele, Stuttgart 1986.

Horkheimer, M., Zur Kritik der instrumentellen Vernunft, Frankfurt/M. 1967.

Horstmann, U., Das Untier. Konturen einer Philosophie der Menschenflucht, Wien, Berlin 1983.

Huber, J. (Hrsg.), Anders arbeiten – anders wirtschaften, Frankfurt/M. 1979.

Huizinga, J., Homo ludens, London 1949.

Illich, I., Selbstbegrenzung. Eine politische Kritik der Technik, Reinbek 1980.

ders., Fortschrittsmythen, Reinbek 1978.

»Intimität«, in: Ästhetik und Kommunikation, Nr. 57/58 (1985).

Jantsch, E., Die Selbstorganisation des Universums, München 1979.

Jonas, H., Das Prinzip Verantwortung, Frankfurt/M. 1979.

Jouvenel, B. de, Jenseits der Leistungsgesellschaft. Elemente sozialer Planung und Vorausschau, Freiburg/Br. 1971.

Jungk, R., Der Atomstaat. Vom Fortschritt in die Unmenschlichkeit, Reinbek 1979.

Kafka, P., Kernfragen: Wirtschaftswachstum und Energiepolitik, in: Vorgänge Nr. 37, 18 (1979), S. 21 ff.

Kaltenbrunner, G.K. (Hrsg.), Wir sind Evolution. Die kopernikanische Wende der Biologie, München 1981.

Kamper, D., Wulf, C. (Hrsg.), Das Schwinden der Sinne, Frankfurt/M. 1984.

Kaufmann, F.X., Sicherheit als soziologisches und sozialpolitisches Problem, Stuttgart 1973.

Kielmannsegg, P. Graf, Politik in der Sackgasse? Umweltschutz in der Wettbewerbsdemokratie, in: H. Geißler (Hrsg.), Optionen auf eine lebenswerte Zukunft, München, Wien, 1979, S. 37 ff.

Klages, L., Der Geist als Widersacher der Seele, 3 Bde., Leipzig 1929.

Koestler, A., Der Mensch. Irrläufer der Evolution, München 1978.

Kornwachs, K. (Hrsg.), Offenheit – Zeitlichkeit – Komplexität. Zur Theorie der Offenen Systeme, Frankfurt/M., New York 1984.

Koselleck, R., Einleitung zu: *O. Brunner, W. Conze, R. Koselleck*, (Hrsg.), Geschichtliche Grundbegriffe. Historisches Lexikon zur politisch-sozialen Sprache in Deutschland, Bd. 1, Stuttgart 1972.

ders., Art. »Geschichte/Historie«, in: O. Brunner, W. Conze, R. Koselleck, a.a.O., Bd. 2.

Kramer, P., Biotische Vielfalt: Ihre Evolution, ökologische Steuerung und Beeinflussung durch den Menschen, Habilitationsschrift, Universität Essen 1982.

Kundera, M., Die unerträgliche Leichtigkeit des Seins, München 1984.

Lafargue, P., Das Recht auf Faulheit, Berlin 1891.

Lévinas, E., De l'existence à l'existant, Paris 1978.

Lévi-Strauss, C., Das wilde Denken, Frankfurt/M. 1973.

Löbsack, T., Versuch und Irrtum. Der Mensch: Fehlschlag der Natur, Gütersloh 1974.

Löwith, K., Weltgeschichte und Heilsgeschehen. Zur Kritik der Geschichtsphilosophie, Sämtliche Schriften, Bd. 2, Stuttgart 1983.

Lorenz, K., Die acht Todsünden der zivilisierten Menschheit, München 1985.

Lorenzen, P., Theorie der technischen und politischen Vernunft, Stuttgart 1978.

Lovins, A.B., Sanfte Energie. Das Programm für die energie- und industriepolitische Umrüstung unserer Gesellschaft, Reinbek 1978.

Lübbe, H., Erfahrungsverluste und Kompensationen. Zum philosophischen Problem der Erfahrung in der gegenwärtigen Welt, in: Gießener Universitätsblätter 12 (1979) 2, S. 42 ff.

ders., Zukunft ohne Verheißung? Sozialer Wandel als Orientierungsproblem, Zürich 1976.

Luhmann, N., Ökologische Kommunikation, Opladen 1986.

Lyotard, J.F., Das postmoderne Wissen. Ein Bericht, Bremen 1982.

Marcuse, H., Der eindimensionale Mensch, Neuwied, Berlin 1967.

Markl, H., Vom Eigennutz des Uneigennützigen, in: Naturwissenschaftliche Rundschau 24 (1971), S. 281 ff.

ders., (Hrsg.), Natur und Geschichte, München, Wien 1983 (Schriften der Carl Friedrich von Siemens Stiftung, Bd. 7).

Marquard, O., Abschied vom Prinzipiellen, Stuttgart 1981.

ders., Apologie des Zufälligen, Stuttgart 1986 (darin bes.: Über die Unvermeidlichkeit der Geisteswissenschaften, S. 98 ff.; Apologie des Zufälligen. Philosophische Überlegungen zum Menschen, S. 117 ff.; Entlastungen. Theodizeemotive in der neuzeitlichen Philosophie, S. 11 ff. und: Zeitalter der Weltfremdheit?, S. 76 ff.).

Mayer-Tasch, P.C., Die Welt als Baustelle. Fragen an die politische Ökologie, Zürich, Osnabrück 1982.

ders., Die Bürgerinitiativbewegung. Der aktive Bürger als rechts- und politikwissenschaftliches Problem, 5. Aufl., Reinbek 1985.

ders., Die verseuchte Landkarte. Das grenzen-lose Versagen der internationalen Umweltpolitik, München 1987.

Menniger, K., Selbstzerstörung, Frankfurt/M. 1974.

Meyer, T., Miller, S., (Hrsg.), Zukunftsethik und Industriegesellschaft, München 1986.

Meyer-Abich, K.M., Wege zum Frieden mit der Natur, München, Wien 1984.

Monod, J., Zufall und Notwendigkeit, München 1971.

Montaigne, M. de, Die Essais, Stuttgart 1969.

Morin, E., Le paradigme perdu. La nature humaine, Paris 1973.

Morris, D., Der nackte Affe, Zürich 1968.

Müller-Reißmann, K.F., Die schwindende Wandlungsfähigkeit der Industriegesellschaft, in: Frankfurter Hefte 5 (1979), S. 13 ff.

Mumford, L., Mythos der Maschine. Kultur, Technik und Macht, Frankfurt/M. 1977.

ders., Hoffnung oder Barbarei. Die Verwandlung des Menschen, Frankfurt/M. 1981.

Musil, R., Der Mann ohne Eigenschaften, Reinbek 1987.

ders., Über die Dummheit, in: Essays und Reden. Kritik, Reinbek 1983.

Nietzsche, F., Werke, 2 Bde., München 1967.

Offe, C., »Arbeitsgesellschaft«. Strukturprobleme und Zukunftsperspektiven, Frankfurt/M., New York 1984.

ders., Bewirken oder Bewahren, in: Die Zeit, Nr. 34, vom 20.8.1982.

Ortega y Gasset, J., Der Aufstand der Massen, erw. und ergänzte Neuausgabe, Stuttgart 1958.

Orwell, G., Neunzehnhundertvierundachtzig, übers. K. Wagenseil, Konstanz, Stuttgart 1950.

Panitz, H., (Hrsg.), Stoische Weisheit, Münster 1974.

Pascal, B., Le Cœur et ses Raisons. Pensées, München 1980.

Passmore, J., Der vollkommene Mensch. Eine Idee im Wandel von drei Jahrtausenden, Stuttgart 1975.

Peitgen, H.O., Richter, P.H., The Beauty of Fractals, Berlin 1986.

Piaget, J., Das Verhalten – Triebkraft der Evolution, Salzburg 1980.

Pico della Mirandola, G., De dignitate hominis, Bad Homburg 1968.

Pirsig, R.M., Zen und die Kunst ein Motorrad zu warten, Frankfurt/M. 1976.

Platon, Der Staat, Hamburg 1961.

Plessner, H., Grenzen der Gemeinschaft, Bonn 1922.

Polanyi, K., The Great Transformation. Politische und ökonomische Ursprünge von Gesellschafts- und Wirtschaftssystemen, Wien 1977.

Popitz, H., Über die Präventivwirkung des Nichtwissens, Tübingen 1968.

Popper, K.R., Die offene Gesellschaft und ihre Feinde, 2 Bde., Bern 1957/58.

ders., Objektive Erkenntnis. Ein evolutionärer Entwurf, Hamburg 1973.

Postman, N., Wir amüsieren uns zu Tode, Frankfurt/M. 1985.

Preuß, U.K., Die Zukunft: Müllhalde der Gegenwart?, in: *B. Guggenberger, C. Offe*, a.a.O., S. 224 ff.

Rawls, J., Theorie der Gerechtigkeit, Frankfurt/M. 1979.

Richter, H.E., Der Gotteskomplex. Die Geburt und die Krise des Glaubens an die Allmacht des Menschen, Reinbek 1979.

Ritchie, D., Gehirn und Computer. Die Evolution einer neuen Intelligenz, Stuttgart 1984.

Ritter, J., Subjektivität. Sechs Aufsätze, Frankfurt/M. 1974.

Rosenvallon, P., La crise de l'état-providence, Paris 1981.

Sartre, J.P., Das Sein und das Nichts, Reinbek 1962.

ders., Zeit der Reife, Reinbek 1961.

Schumacher, E.F., Die Rückkehr zum menschlichen Maß. Alternativen für Wirtschaft und Technik, Reinbek 1977.

ders., Das Ende unserer Epoche, Reinbek 1980.

ders., Rat für die Ratlosen, Reinbek 1986.

Sennett, R., Verfall und Ende des öffentlichen Lebens. Die Tyrannei der Intimität, Frankfurt/M. 1983.

Simmel, G., Philosophie der Mode, Berlin 1905.

ders., Philosophische Kultur. Über das Abenteuer, die Geschlechter und die Krise der Moderne, Berlin 1985.

Singer, P., Praktische Ethik, Stuttgart 1984.

Skinner, B.F., Walden Two, New York 1948.

ders., Science and Human Behavior, New York 1958.

Späth, L., Die Wende in die Zukunft. Die Bundesrepublik auf dem Weg in die Informationsgesellschaft, Reinbek 1985.

Spaemann, R., Philosophische Essays, Stuttgart 1983.

ders., Technische Eingriffe in die Natur als Problem der politischen Ethik in: *B. Guggenberger, C. Offe*, a.a.O., S. 240 ff.

Tenbruck, F.H., Zur Kritik der planenden Vernunft, München 1972.

ders., Die unbewältigten Sozialwissenschaften oder Die Abschaffung des Menschen, Graz, Wien, Köln 1984.

Thomas von Aquin, Gott und seine Schöpfung, Freiburg/Br. 1963.

Tocqueville, A. de, Über die Demokratie in Amerika, Stuttgart 1959.

Traube, K., Müssen wir umschalten? Von den politischen Grenzen der Technik, Reinbek 1978.

Valéry, P., Propos sur l'intelligence, Paris 1925.

Vester, F., Unsere Welt, ein vernetztes System, Stuttgart 1978.

Virilio, P., Krieg und Kino – Logistik der Wahrnehmung, München 1986.

Wagner, F., Die Wissenschaft und die gefährdete Welt. Eine Wissenssoziologie der Atomphysik, 2. erg. Aufl., München 1969.

Weizsäcker, C.F. von, Wege in der Gefahr. Eine Studie über

Wirtschaft, Gesellschaft und Kriegsverhütung, München 1976.

ders., Der Garten des Menschlichen. Beiträge zur geschichtlichen Anthropologie, München 1977.

Weizsäcker, C. von, Weizsäcker, E.U. von, Fehlerfreundlichkeit, in: *K. Kornwachs*, a.a.O., S. 167 ff.

Weizenbaum, J., Die Macht der Computer und die Ohnmacht der Vernunft, Frankfurt/M. 1977.

Carl Hanser Verlag

Carl Friedrich von Weizsäcker
Die Zeit drängt
Eine Weltversammlung der Christen
für Gerechtigkeit, Frieden und
die Bewahrung der Schöpfung
6. Auflage 1987. 120 Seiten.

Das Ende der Geduld
Carl Friedrich von Weizsäckers
»Die Zeit drängt«
in der Diskussion
Beiträge von: Günter Altner, Ernst Benda, Kurt H. Biedenkopf,
Erhard Eppler, Thomas Görnitz, Hilmar Lorenz, Klaus Michael
Meyer-Abich, Dieter Radaj, Konrad Raiser, Trutz Rendtorff, Lili
Schoeller, Christine und Ernst Ulrich von Weizsäcker sowie eine
Antwort von Carl Friedrich von Weizsäcker
1987. 146 Seiten.

Hartmut von Hentig
Arbeit am Frieden
Übungen im Überwinden der Resignation
2. Auflage 1987. 232 Seiten.

Matthias Horx
Die wilden Achtziger
Eine Zeitgeist-Reise durch die Bundesrepublik
1987. 172 Seiten.